UNE LIAISON DANGEREUSE

DU MÊME AUTEUR

Un goût d'amandes amères
Actes Sud, 1988

Le Lac noir
Actes Sud, 1991
et « Babel », n° 117

En la forêt de longue attente
le roman de Charles d'Orléans
Seuil, 1991
et « Points Roman », n° R592

Le Maître de la descente
Actes Sud, 1994

En transit
Actes Sud, 1995

Les Seigneurs du thé
Seuil, 1996

Hella S. Haasse

UNE LIAISON DANGEREUSE

Lettres de la Haye

ROMAN

Traduit du néerlandais
par Anne-Marie de Both-Diez

Ouvrage traduit avec le soutien
de la Commission européenne

Éditions du Seuil

Ce livre est édité par Anne Freyer-Mauthner

TEXTE INTÉGRAL

TITRE ORIGINAL
Een gevaarlijke verhouding
of Daal-en-Bergse brieven
ÉDITEUR ORIGINAL
Em. Querido's Uitgeverij B. V.,
Amsterdam

ISBN 2-02-29262-9
(ISBN 2-02-019720-0, 1re publication)

PRÉSENTATION
PAR JEAN-LOUIS EZINE

Dans les petits matins du solstice d'hiver, Amsterdam redevient la ville de Rembrandt, une muette apothéose de la grisaille, avec ses bandes de goélans en maraude, ses canaux fuyant sous la brume, ses ponts en dos d'âne et ses vendeurs de harengs à la sauvette. Les temps modernes y ajoutent la noria silencieuse des tramways couverts de tags et la ronde des bustes altiers pédalant à perdre haleine sur de sombres vélos à col de cygne. En dépit des méchants vents maritimes qui devraient la contrarier, la prodigieuse verticalité vertébrale du bicycliste batave semble figurer, pour peu qu'on en déplace l'effet de droiture dans le plan de la rhétorique, une sorte de confiance inflexible et bravache dans la démocratie idéale. « *La tolérance, il y a des villes pour ça, et Amsterdam est championne du monde,* convient Hella Haasse. *Il est certain que la loyauté, la vertu contiennent ici, plus qu'ailleurs sans doute, une part de défi aux éléments indésirables dont se paie le commerce de la liberté. La drogue, la prostitution, les divers trafics composent un décor interlope et mercantile. Vivre ici donne une furieuse envie de vivre ailleurs, mais dès qu'on est ailleurs Amsterdam devient la ville qu'on voudrait n'avoir jamais quittée...* »

Comme si elle avait depuis toujours la propriété romanesque de dissoudre les scandales, de noyer les intrigues et de brouiller les pistes, la Hollande des écrivains joue volontiers de cette duplicité légendaire. Plus la terre est basse, plus l'exil est sûr. Plus le vent souffle fort, plus loin s'en vont les secrets. Il n'est qu'à se souvenir de la Marquise de Merteuil, la terrible héroïne des *Liaisons dangereuses.* Après que la mort lui eut volé son amant épistolaire, le séductissime vicomte de Valmont, que la vérole lui eut rongé les traits et pris un œil, que la ruine eut gagné sa personne et sa fortune et qu'il fallut à Choderlos de Laclos lui inventer un séjour digne de son rang, c'est en Hollande qu'il la fait fuir et que s'achève, du coup, le plus extraordinaire roman libertin du XVIIIe siècle. Hella Haasse, que l'on tient pour la Marguerite Yourcenar du monde néerlandophone, a eu l'idée de poursuivre l'œuvre sulfureuse de Laclos, qui lui-même avait songé à lui donner une suite qu'il eût souhaitée édifiante, peut-être par une tardive intention de rachat, et vouée tout entière à une très chrétienne apologie de la famille.

Le projet ne vit jamais le jour, mais autant l'avouer : ce ne sont pas précisément les fins que lui fait servir Hella Haasse, à travers l'éblouissant échange de lettres que lui a inspiré un monument littéraire en quelque façon inaccompli. L'immortelle Mme de Merteuil, appréciée comme une « *Tartuffe femelle* » par Laclos en personne, et plus sérieusement par Baudelaire comme « *une Ève satanique* », y échange, à deux siècles de distance, des missives de la plus belle encre avec une correspondante anonyme d'aujourd'hui en qui on n'aura aucune peine à deviner Hella Haasse. « *Cette étrange résolution, dont je demande bien pardon à Laclos, m'est venue à La Haye, où j'ai vécu autrefois. Ma maison jouxtait un parc qui s'appelle Daal-en-Berg, littéralement : Val et Mont. Valmont, en somme. J'y ai vu comme une signature fantomatique du passage de Mme de Merteuil sur le sol des Pays-Bas.* »

Au-delà de la performance apocryphe, on n'y verrait qu'une glose de plus sur l'une des plus époustouflantes énigmes de la littérature française (comment un général de brigade a-t-il pu écrire *Les Liaisons dangereuses*? Même Malraux ne se l'explique pas) si Hella Haasse n'y menait une réflexion originale et passionnée sur la tragédie des jeux amoureux. « *En fait, je suis frappée de constater que, depuis la Médée d'Euripide jusqu'à nos jours, en passant par Lady Macbeth et toutes les autres, la criminalité des femmes, quelles qu'en soient les formes et les circonstances, est fondée sur la seule jalousie. Les femmes tuent presque toujours par amour. Toutes les études le montrent, et en même temps toute la littérature le dissimule sous la vérité des motifs. J'ai voulu méditer ce phénomène à travers un hommage à Laclos, un des rares écrivains qui ait eu l'intuition des ressorts les plus cachés de la psychologie féminine.* »

Maquillé sous une apparence de roman par lettres, dans la pure tradition du siècle des Lumières, *Une liaison dangereuse* est donc un essai sur la femme malfaisante, calamiteuse, perverse ou débauchée dans la littérature universelle, telle qu'en ses diverses figures les auteurs la font travailler sans relâche depuis la nuit des temps à la sublimation du mal et lui érigent le plus diabolique des socles. On voit par là que les mérites de Laclos n'étaient pas minces, deux siècles avant que s'effondre cette affligeante statue. Voilà un artilleur à qui l'on doit le boulet creux en grande part. La victoire de Valmy dans la même proportion. Un parfait démocrate qui a eu le premier l'idée de l'assistance judiciaire gratuite. Celle du numérotage des rues et maisons de Paris par-dessus le marché. Et pour finir *Les Liaisons dangereuses*, la plus incomprise de ses inventions : sous couvert de libertinage, on s'est longtemps demandé s'il célébrait ce qu'il dénonçait, ou au contraire s'il dénonçait ce qu'il célébrait. L'excellent ouvrage d'Hella Haasse permet enfin de répondre : les deux, mon général.

Née en 1918 à Djakarta, romancière, dramaturge, historienne, essayiste de grand talent, Hella Haasse n'a jamais cessé d'écrire depuis 1945. Son œuvre, qui compte une trentaine d'ouvrages, est traduite dans plus de dix pays et a été couronnée par les prix littéraires les plus prestigieux.

1. A la marquise de Merteuil

Madame, vous avez surgi dans mes pensées alors que je cheminais le long de l'allée Daal-en-Berg[1], dans le quartier sud de La Haye, non loin de chez moi. J'avais le visage tourné vers les bosquets de Pex noyés dans le fondu brun et vert de la jeune frondaison et, au milieu de ces taillis, je me représentais, là où se trouvent aujourd'hui des courts de tennis, des terrains de football, un manège de poneys et un café-restaurant, une petite gentilhommière de la fin du XVIIIe siècle, avec déjà un soupçon de classicisme dans l'encadrement des fenêtres. Elle devait sans doute se refléter dans une pièce d'eau en demi-lune, alimentée par le Haagse Beek, un ru qui prend sa source à environ un kilomètre plus loin vers le sud, dans le quartier de Meer en Bosch[2], réplique de Daal en Berg. Et comment se fait-il, me demandais-je, que, parmi ces flèches de sable qui constituent comme les contreforts des dunes et sont perçues par les habitants des landes sablonneuses comme de vraies collines, aucun vestige ne subsiste de quelque maison de plaisance alors qu'à chaque pas,

1. En français : vallée et montagne.
2. Lac et bois.

dans les environs immédiats, on rencontre les restes de petites et de grandes propriétés remontant à l'époque où les riches habitants de La Haye se faisaient construire une « campagne ». Il semble bien cependant que, jadis, une grande ferme se soit dressée à cet endroit. Peut-être y avait-il déjà eu, au XVIIe ou au XVIIIe siècle, un manoir Daal-en-Berg ou Daalberg, qui fut un jour ravagé par le feu ou abandonné, tomba en ruines, fut démoli, et dont, en tout cas, toute trace fut effacée bien longtemps avant que le garde forestier Pex donnât son nom à ce terrain.

L'air que je respire lorsque je passe par là recèle – du moins je me l'imagine – un je ne sais quoi qui favorise ce que Goethe a appelé *« die Lust zu fabulieren »*, l'envie de lâcher la bride à l'imagination.

Je me trouvais justement dans la partie silencieuse de cette allée avec, devant moi, les bosquets et, derrière moi, ceinturé de clôtures, le paysage de dunes au creux desquelles couvent les oiseaux et où, du même coup, rôdent les chats devenus sauvages. Entre les frêles ramures, il me sembla soudain percevoir, comme tamisés par le flou d'une verdure naissante, des murs blancs, une petite coupole, une grille en fer forgé. Le manoir Daalberg, pensai-je et, au même instant, me vint à l'esprit le nom de Valmont. Et par la magie de ce mot, c'est vous, Madame, que je vis là, je dirais presque en chair et en os. Vous n'alliez pas vous promener dans le bois – comme je vous comprends ! – et pas davantage vous montrer dans votre jardin. Mais vous pouviez fort bien vous tenir derrière l'une des fenêtres ouvrant sur la précoce verdure printanière. Jouant de la harpe ou brodant ? J'en doute. Je ne vous voyais pas non plus figée dans l'inaction, à ruminer d'amers souvenirs. Ce n'est pas dans votre caractère. En train de lire alors, ou d'écrire des lettres ? Ce n'est qu'en cherchant à me représenter vos activités que je compris dans quel état de déréliction vous deviez vous trouver.

Dans ces parages, vous ne pouviez faire autrement que de garder l'incognito le plus absolu. Vous aviez, en effet, de bonnes raisons de le faire. Et même s'il en eût été autrement, même si vous n'aviez pas été la fugitive que l'on sait, harcelée par les créanciers, voire par la justice française, pour vous être approprié abusivement les diamants, une vraie fortune en argenterie et autres objets précieux qui appartenaient tous au patrimoine familial de votre défunt époux, même si, à l'époque, autour de l'année 1782, vous vous étiez installée sous votre propre nom – madame la marquise de Merteuil – à Daalberg (rebaptisé par vos soins Valmont), même dans ce cas, vous auriez choisi de rester cloîtrée derrière ces haies et ces murs, parce que, irrémédiablement défigurée par la petite vérole, ayant perdu un œil, vous n'étiez plus montrable, et cela dans toute l'acception du terme.

Vous êtes, sans contredit, le personnage féminin le plus tristement célèbre de la littérature européenne. On vous a appelée un Richard III en jupons, un démon déguisé en humain, un Tartuffe féminin, une Ève satanique. Avec le concours d'un homme qui fut un temps votre amant, le roué vicomte de Valmont, vous avez mené à sa perte une innocente enfant, conduit à la démence et à la mort la jeune et vertueuse épouse d'un respectable magistrat ; qui plus est, vous avez, vous seule, offensé, humilié, plongé dans le malheur et l'affliction un certain nombre d'autres personnages. Ces actes criminels, vous les avez presque tous perpétrés « à distance », par la seule magie du verbe, par l'art de la suggestion. En 1782, sous le titre *Les Liaisons dangereuses*, votre créateur, Choderlos de Laclos, a écrit l'histoire de vos intrigues en empruntant pour ce faire la forme nouvelle, en vogue à l'époque, d'un échange de lettres entre Valmont et vous, vous et d'autres, Valmont et d'autres et ces autres entre eux : victimes, spectateurs naïfs et complices ignorants. Que vous pratiquiez le jeu raffiné du chat et de la souris, ou bien qu'en actrice consommée vous adoptiez tout un éventail de déguisements, vous vous adressez toujours directement à vos correspondants à la première personne du singulier, et par là même, le lecteur a tendance à vous considérer, dans cette dernière phase de votre vie aventureuse et frivole, comme un être qui a vraiment existé ou plutôt qui, par la grâce de la parole écrite, est encore présent. Point de narrateur qui vienne se glisser en médiateur entre vous et le lecteur pour servir tantôt de crible, tantôt de tampon. Les impressions qu'éveille la confrontation avec votre personne sont sans mélange, jamais mitigées. Lisant vos lettres, on croit parfois entendre votre voix, une voix froide, mélodieuse, assez grave ; on se représente votre écriture, claire, rapide, sans traces d'hésitations, élégante, plutôt moderne ; des caractères pointus et réservés.

A-t-on le droit de se servir d'un personnage qu'un autre écrivain a créé ? Peut-on se permettre de retracer des contours partiellement effacés, de mettre de la couleur là où des blancs aiguillonnent l'imagination, de rendre transparentes des ombres qui intriguent ? Non point que je veuille, Madame, vous métamorphoser, vous faire autre que vous n'êtes. Je voudrais seulement, par une approche différente, montrer à quel point les interprétations dont vous avez fait l'objet jusqu'à ce jour sont tissées de stéréotypes. Certes, Laclos vous a donné la vie dans un but polémique, pour fustiger un certain milieu et montrer comment un libertinage poussé à l'extrême conduit à une perversion de la liberté. Vous incarnez l'égoïsme absolu. Non pas du fait d'une méchanceté innée ou soigneusement cultivée, non par misanthropie, mais parce que, totalement dominée que vous êtes par votre comportement indépendant et par la Raison, vous avez une conscience aiguë du pouvoir que vous détenez de donner un sens à vos actes. *Cogito ergo sum*, je pense, donc je suis, je sais que j'existe parce que je pense, se traduit chez vous par : ce que mon esprit conçoit, je le réalise ; et aussi ce qui vit dans la pensée des autres, ce qui se joue hors de ma conscience n'existe pas pour moi. Les autres, les circonstances dans lesquelles ils vivent sont pour vous de simples données auxquelles vous n'attachez de prix qu'en fonction des promesses de sensations agréables qu'elles sont susceptibles de receler : plaisir, jouissance, conscience de votre pouvoir. Vous ne vous en êtes jamais cachée. Vous êtes un authentique produit du Siècle des Lumières, la lucidité faite femme. C'est peut-être en ce sens que l'on pourrait vous appeler « un monstre », c'est-à-dire une créature qui ne peut être jugée selon ce que l'on est convenu d'appeler des critères humains. Laclos lui-même était captivé par sa création, tel un Pygmalion de la littérature, à cette différence près que vous n'êtes pas, semble-t-il, le fruit de l'amour, mais celui de la haine éprouvée par votre créateur pour un certain type de femme, pour une classe.

Est-il vrai, comme on le prétend, qu'il vous ait peinte d'après un modèle vivant ? Voulait-il, de cette manière, se venger d'une beauté de la haute aristocratie qui l'aurait raillé un jour, dans sa jeunesse, pour la vénération – exprimée en vers ! – qu'il lui portait ? « Mon Dieu ! que ces gens d'esprit sont bêtes ! Celui-ci l'est au point qu'il m'en embarrasse ; car enfin, pour lui, je ne peux pas le conduire ! » écrivez-vous à propos de Danceny dans la trente-huitième lettre.

Chemin faisant, à mesure que votre personnage prenait forme sous sa plume, la rancœur céda le pas à des sentiments de plus en plus complexes. Il est clair que vous avez fasciné l'auteur, que finalement il a été dépassé par sa création. On a cependant attiré l'attention sur la manière soudaine, radicale et au fond déloyale dont, à la fin de son roman, Laclos s'est débarrassé de vous, celle à qui il doit essentiellement sa célébrité. Vous qui saviez toujours garder tous les atouts dans votre jeu, il vous a placée dans des circonstances telles qu'il vous était impossible de vous en sortir sans faire des concessions que, plus tôt dans votre existence, vous eussiez jugées inadmissibles. Il vous a littéralement fait perdre la face.

La face, votre visage, Madame – nous ignorons tout de votre physique, car il n'est décrit nulle part dans *Les Liaisons dangereuses*. Qui veut en savoir davantage n'a d'autres moyens à sa disposition que les mots placés par Laclos sous votre plume et celle d'autres personnages. Il s'en dégage une certaine image : non pas l'image plastique, presque visible, que suscite l'art suggestif de la description, mais un modèle abstrait. Ce n'est pas à nos yeux mais à notre esprit que s'impose la marquise de Merteuil. Elle nous apparaît comme un ensemble cohérent de traits caractéristiques savamment agencés. Nous savons tout des machinations ourdies par votre intelligence, des stratégies que vous employez, de la satisfaction que vous procure cette forme de jeu d'échecs, mais nous ne vous connaissons pas. Et pourtant vous êtes, de tous les personnages de ce roman, la seule à qui Laclos ait donné une ébauche de passé.

Ainsi, l'image qu'a de vous le lecteur varie-t-elle selon les individus. Elle possède la subjectivité d'une anima. Sans se perdre dans les détails, tous vos correspondants et autres épistoliers du roman suggèrent que partout et toujours on vous jugeait attrayante, séduisante, supérieurement douée et sagace. Je vous imagine, quant à moi, pareille à ces Parisiennes menues, mais nullement fragiles, tendues comme un ressort, joignant à la rapidité des réactions un parfait maintien, une suprême élégance, dégageant tant de grâce à chacun de leurs mouvements et de leurs gestes que la notion de « beauté » semble passer au second plan. Peut-être reconnaîtrait-on votre visage sur l'un des portraits au pastel du contemporain de Laclos, Maurice Quentin de la Tour ? Qui sait si vous n'êtes pas cette femme aux lèvres minces et spirituelles, au malicieux sourire en coin, aux narines fureteuses et palpitantes, aux grands yeux noirs coupés en amande qui posent sur les êtres et les choses un regard tout à la fois critique et enjôleur. Lorsque je pense à vous, il me vient à l'esprit certaines images rococo entrevues quelque jour sur une gravure de Moreau le Jeune ou un tableau de Watteau, des coiffures courtes poudrées, pareilles à des crêtes d'écume, ornées d'une fleur, d'un bijou ou encore de ces nœuds et rubans où se marient avec tant de raffinement les couleurs réséda, abricot, bleu de mer.

Votre nom de jeune fille, votre prénom, personne ne les connaît. Dans la quatre-vingt-unième lettre des *Liaisons dangereuses*, celle qui a tant fait couler d'encre, où vous décrivez votre jeunesse et votre évolution, vous ne dites pratiquement rien de votre maison paternelle. Pour désigner votre famille, vous utilisez le terme « les miens », sans autre précision ; vous observiez et étudiiez ces personnes dans l'intention d'acquérir l'expérience des hommes et d'apprendre l'art de vivre. Il dut avant tout y avoir une distance considérable entre l'enfant que vous étiez et « les vôtres ».

Appartenir à l'aristocratie parisienne, cela signifiait, vers le milieu du XVIIIe siècle, un hôtel particulier en ville, un train de maison considérable, un mode de vie orienté vers les mondanités, des rapports très formalistes entre époux d'une part, parents et enfants d'autre part. Vous avez, à n'en pas douter, passé les premières années de votre vie auprès d'une nourrice, quelque part à la campagne, dans une propriété appartenant à votre famille. (Nous savons que votre sœur de lait, Victoire, est devenue plus tard votre femme de chambre, et la confidente de vos escapades.) Lorsque, encore fillette, vous avez rejoint vos parents, le seul lien véritable qui vous unissait aux « vôtres » était leur espoir de vous trouver, grâce au nom probablement illustre que vous portiez, un parti des plus avantageux et des plus honorables. Vous aviez vos propres appartements aménagés sous les combles de la vaste demeure et vous y passiez vos journées en compagnie d'une gouvernante. (Encore une fois, rien de tout cela n'est décrit dans Laclos : j'imagine que les choses se sont passées de la sorte.)

On vous a appris à lire, à écrire, inculqué de vagues notions de catéchisme. Tous les matins, votre chaperon vous menait (pomponnée comme une poupée) auprès de votre mère pour quêter son approbation au moment où celle-ci, entourée de ses bichons, de visiteurs et de fournisseurs de mode, procédait à sa toilette. Vous preniez des leçons de danse et de chant, bref, on vous apprenait à jouer à la dame, ce qui tenait lieu d'enseignement primaire pour les jeunes filles de votre rang. En revanche, contrairement à l'usage en vigueur à l'époque, on ne vous envoya, pour parfaire votre éducation, ni à Saint-Cloud ni à Saint-Cyr et pas davantage à la très éminente abbaye de Fontevrault que fréquentaient les propres filles du roi : on ignore pourquoi vos parents ont fait une entorse à la règle. Vous qualifiez votre mère de « vigilante », mais vous ne dites pas sous quel rapport. Vous écrivez : « Fille encore, j'étais vouée par état au silence et à l'inaction. » Vous n'aviez ni amie ni confidente ; au physique vous n'étiez pas mûre pour votre âge, ce qui expliquerait que votre esprit d'observation et votre goût de l'exploration exceptionnels soient passés inaperçus de votre entourage. Vous aviez l'air d'une enfant, mais (je cite vos propres paroles) : « Tandis qu'on me croyait étourdie ou distraite, écoutant peu à la vérité les discours qu'on s'empressait à me tenir, je recueillais avec soin ceux qu'on cherchait à me cacher. »

L'œil et l'oreille aux aguets, tel un explorateur dans

votre propre maison, vous observiez vos parents et leurs connaissances. A côté des travaux d'aiguille, de la harpe, des rudiments de latin et de grec, de sciences naturelles, de géographie et d'histoire, vous appreniez ainsi bien des choses sur les mœurs du beau monde frivole et cynique qui donnait le ton parmi les adultes désireux de compter à la cour de Louis XV.

Il vous était défendu de demander ce que représentaient les gravures galantes qui décoraient les murs entre les portraits d'ancêtres et les peintures allégoriques et portaient des légendes telles que « L'escarpolette complice », « La chemise dérobée », « Ne résistez pas, belle amie ! ». Mais ce que vous voyiez et entendiez sans que quiconque s'en doutât vous apprit que la femme, chaque femme, quel que soit son statut social, était livrée en proie à l'homme de votre milieu et que les manières exemplaires de ce dernier n'avaient d'autre objet que de camoufler une chasse impitoyable ; que l'époux qui exigeait et prenait pour argent comptant la fidélité de sa femme était regardé comme « un provincial » et que la femme encore éprise de son mari six mois après son mariage passait pour une oie, à tel point que l'on doutait de son bon sens lorsqu'elle se plaignait d'être délaissée. Vous y avez appris qu'en fait les jeunes filles laides n'avaient point droit à l'existence et que celles qui étaient belles devaient se hâter de tirer profit de leurs charmes ; qu'une femme, passé la trentaine, n'avait plus d'autre recours, dans le meilleur des cas, que son élégance et sa méchante langue pour capter l'attention ; qu'il ne lui restait plus qu'à avaler avec le sourire toutes les déceptions et humiliations que lui valaient ses aventures érotiques. Vous avez aussi appris que, si une jeune fille refusait de se donner de plein gré à un homme du monde, il avait le pouvoir de la prendre par la ruse et la violence, et ce, bien souvent, avec la complicité et l'approbation des siens. Enfin, vous avez appris quelle manœuvre était jugée la plus probante dans la stratégie du séducteur, art que tout homme de votre monde s'appliquait à faire sien, ne fût-ce que pour compter parmi ses semblables : je veux dire le *ravoir* *, cet art de posséder derechef une ancienne maîtresse chez qui l'on soupçonne encore de tendres sentiments, pour ensuite rompre une seconde fois, de préférence lorsqu'elle ne s'y attend pas ; échantillon d'un raffinement sadique qui, au dire des spécialistes par excellence de votre siècle, Edmond et Jules de Goncourt, marque le fond de l'abîme dans les rapports entre les hommes et les femmes d'avant la Révolution. Toute jeune encore, vous cultiviez déjà consciemment l'art de feindre, de dissimuler vos sentiments. Pour développer en vous la parfaite maîtrise de soi, vous vous infligiez délibérément des blessures que personne ne voyait, vous exerçant en même temps, dans la souffrance, à prendre le masque de la sérénité et même du bonheur.

Dans cette quatre-vingt-unième lettre des *Liaisons dangereuses*, vous indiquez par quel artifice vous avez tenté, aussi rapidement et diplomatiquement que possible, de combler le fossé séparant la mineure impuissante de l'adulte responsable et mûre pour l'action (et ce, en prévision de l'avenir, pour ne jamais être bernée) : vous avez abusé votre confesseur en prétendant

* Les mots en italique suivis d'un astérisque sont en français dans le texte original.

avoir fait « tout ce que font les femmes », et ses questions très détaillées vous ont édifiée au-delà de vos espérances.

Nous ignorons quel était votre âge lorsque, très tôt comme le voulait l'usage, en l'espace d'une ou deux semaines, vous fûtes donnée en mariage à un homme déjà mûr, tenu pour un parti avantageux et que vous n'aviez fait qu'entrevoir, sans doute le jour même où quelques membres des deux familles signèrent le contrat. Vous ne deviez pas avoir beaucoup plus de quinze ans, âge considéré comme normal pour convoler. Dans votre entourage, on dut estimer que vous répondiez aux exigences imposées à une femme du monde : « Elle possède une solide culture, mais n'en fait pas étalage. Elle a un goût excellent, une attitude altière, connaît parfaitement les usages du monde. Elle est heureusement *artificielle* à l'extrême et de ce fait fort *comme il faut* *. »

Aussitôt réglées les questions de dot et d'héritage, les faire-part de mariage furent envoyés. Vous vous êtes mariée à l'église paroissiale au cours d'une messe de minuit, ce qui était particulièrement distingué. A la lumière de mille cierges, vous vous teniez devant l'autel aux côtés du marquis de Merteuil, dans votre toilette de brocart d'argent drapé sur de très larges paniers. Plus tard, un festin fut servi dans la demeure de vos parents et l'on dansa sur des mélodies alors à la mode.

S'il est exact que Laclos rencontra à Grenoble ou à Valence la femme qui lui inspira votre personnage à l'époque où il y était en garnison (respectivement de 1769 à 1775 et de 1776 à 1778), nous pouvons peut-être situer les terres du fictif marquis de Merteuil quelque part entre les Alpes et la vallée du Rhône. Dans l'une de ces villes – disons Valence (même si la plupart des biographes de Laclos estiment que Grenoble est l'endroit où l'auteur vécut les expériences de jeunesse décisives pour son roman) –, un si grand seigneur aurait sûrement possédé une résidence. Or celle-ci était, comme ses autres domaines, fort éloignée de Paris, ce qui expliquerait pourquoi, lors de votre mariage, une entorse fut faite à la tradition de passer la lune de miel sur les terres de l'époux.

La quatre-vingt-unième lettre des *Liaisons dangereuses* nous permet de penser que les premiers mois de votre nouvel état se sont écoulés dans un tourbillon de plaisirs mondains. En général, les jeunes épousées de votre condition étaient présentées le plus tôt possible officiellement à la Cour. Vous n'entrez pas dans le détail des circonstances extérieures qui ont entouré les premiers temps de votre vie conjugale. En revanche, vous parlez ouvertement – encore que brièvement – de la relation intime entre vous et le marquis (dont, comme vous le dites ailleurs, vous n'eûtes jamais à vous plaindre). Vous étiez venue à lui vierge, mais vous étiez rien moins qu'ignorante ; avide d'expériences, vous dûtes vous contraindre la première nuit à adopter l'attitude pudique et craintive que l'on attendait de vous. Plus tard – parce que vous aviez compris instinctivement comme vous l'avouez vous-même « que nul ne devait être plus loin de [votre] confiance que [votre] mari » – vous avez feint la frigidité. Non seulement le marquis ne soupçonnait pas la profonde sensualité de votre nature, ni le raffinement que vous mettiez consciemment mais indirectement à prendre l'initiative dans les jeux érotiques, mais en outre il vous tenait – comme d'ailleurs tout votre entourage – pour une enfant qui, sous des allures soigneusement étudiées de grande dame, savourait les libertés réservées aux femmes mariées.

Ce genre de vie ne pouvait pas durer, vous le saviez. Vous fîtes alors le meilleur usage possible de cette brève période de « distractions futiles », selon vos propres termes. Vous alliez à l'opéra, vous fréquentiez les bals masqués, les soupers ; peut-être étiez-vous de ce petit cercle d'élus qui avaient le privilège de jouer aux cartes dans les salons de la reine à Versailles, ou, distinction plus grande encore, dans les appartements du roi, où madame de Pompadour faisait les honneurs de la maison. Jamais auparavant vous n'aviez eu tant d'occasions d'étudier la *rouerie* * de vos contemporains. Dans la pratique des mondanités, vous vous êtes familiarisée avec toutes les finesses de la conversation galante, banale, courtoise et pleine de sous-entendus, et surtout, vous avez appris à jouer de l'éventail, à l'agiter, le replier, le déployer dans un bruissement, mille et un signaux complétant la parole et le regard.

Vous avez pris conscience de votre pouvoir. Parfois aussi, vous avez dû vous rendre compte qu'à vrai dire vous n'étiez pas à votre place dans ce monde-là, parmi ces gens-là. A seize ans vous vous sentiez de temps à autre un être à part, le seul cerveau éclairé parmi tous ces courtisans à l'esprit obnubilé par les jeux et le cérémonial. A certains moments, vous vous demandiez à quoi vous mèneraient vos études sur les gens et leurs mœurs, et si la froideur qui ne cessait de croître dans votre cœur était vraiment la seule réponse à vos questions.

« Mais au bout de quelques mois », écrivez-vous dans cette fameuse lettre à Valmont, « monsieur de Merteuil [m'emmena] à sa triste campagne... » Je me la représente, pas très loin de Valence, dans ce qui est aujourd'hui le département de la Drôme, un paysage qui dut paraître dépourvu d'attraits à la Parisienne aimant les parcs aménagés par Le Nôtre, habituée à l'exubérance rococo. Collines boisées (*chasse gardée* *), maigres prairies pleines de chardons bleus et de rocaille où paissent des troupeaux de chèvres. D'un côté de longs chaînons bas, c'est la vallée du Rhône, vaste étendue où des groupes de peupliers forment des taches verticales, de l'autre, ce sont les crêtes abruptes du Vercors se profilant capricieusement sur le ciel. Tous les mamelons sont couronnés de petites agglomérations, généralement composées de huttes en pierre, blotties autour d'un modeste château au nom harmonieux : Chabrillan ou Autichamp, Cléon d'Andran, Mirmande. Un paysage de lignes ondulantes, vert sylvestre et bleu des montagnes, strié de blanc par les carrières avec, en été, de modestes champs de blé jaunes ou vert tendre. Une région peu fertile peuplée de paysans et de bergers pauvres qui travaillent les champs féodaux et gardent les troupeaux de leurs seigneurs. Était-ce là la « triste campagne » où vous deviez suivre votre époux ? A l'époque où vous y viviez, vous sortiez rarement de vos murs, occasionnellement pour participer de loin à une partie de chasse (on ne vous avait pas appris à monter à cheval) ou pour rendre visite en carrosse à vos voisins châtelains qui n'étaient guère plus à vos yeux que des gentilshommes campagnards, hospitaliers et de bonne volonté, mais en retard d'un siècle dans leurs idées et limités dans leur conversation. Un Merteuil précédent avait déjà tenté de moderniser une partie du château et de l'aménager en manoir, en une sorte de maison de campagne relativement plus confortable. C'est là que vous couliez vos jours, Madame, sans rien qui pût vous occuper. Votre mari, qui avait passé sa jeunesse dans la région et – qui sait – s'intéressait sincèrement à la gestion de ses terres, inspectait les écuries et les granges, parlait avec les intendants et les métayers et rendait visite aux magistrats des bourgades avoisinantes. Quelle idée dois-je me faire de votre habitation ? Ressemblait-elle au château que j'ai visité un jour dans cette région : une « salle », des lambris peints en gris-blanc auxquels sont suspendus des portraits de famille ; autour de la cheminée monumentale une collection de chaises de tous les styles allant de la Renaissance au Louis XV, des niches de fenêtres profondes par suite de l'épaisseur des murs : même en été, la lumière entre parcimonieusement dans un tel espace. Vous aviez votre propre chambre à coucher, des tapis sur le sol, un lit à baldaquin, un secrétaire que vous pouviez fermer à clé, une harpe, une psyché. Vous portiez les toilettes, ridicules vu les circonstances, que contenait votre trousseau, damas et brocart, ruches, rosettes et volants de dentelle. En hiver, vous drapiez votre luxe parisien dans un fichu de laine comme en portaient les jeunes bergères, pour ne pas attraper une pneumonie dans les couloirs et les escaliers. Vous aviez plus de temps qu'il ne vous en fallait pour imaginer ce qui vous irait le mieux à telle ou telle occasion, et en telle ou telle compagnie. Vous avez appris à connaître à fond votre visage et votre corps. Vous inventiez des rencontres, vous aviez des conversations imaginaires, vous supputiez des possibilités de nouer des contacts et des liaisons que l'unique saison passée à Paris vous avait laissé entrevoir. « La crainte de l'ennui fit revenir le goût de l'étude », lit-on dans la quatre-vingt-unième lettre. Y avait-il une bibliothèque au château ? Constituée par le père ou un grand-père du marquis à l'esprit suffisamment indépendant et aventureux (cette région du Bas-Dauphiné a de tout temps produit nombre de protestants et libres penseurs) pour collectionner les ouvrages d'auteurs ailleurs tenus à l'écart ou considérés comme difficiles ou scandaleux ? Trouviez-vous des œuvres d'Érasme, de Rabelais, Montaigne, Pascal, Descartes, La Fontaine sur les rayons de cette pièce où les visiteurs étaient rares ?

Un connaisseur de ce Bas-Dauphiné où vous deviez partager la vie du marquis de Merteuil a dit de ses habitants qu'ils étaient plus que quiconque lucides et raisonnables. En revanche, ils auraient tendance, selon lui, à pousser leur besoin d'indépendance jusqu'aux limites extrêmes de l'individualisme. Ils sont « pragmatiques, ennemis des théories et des rêves », mais aussi « derrière la façade qu'ils offrent au monde fermentent des passions contenues ». Comparativement, les jeunes gens de cette région furent plus nombreux que ceux d'autres provinces de France à participer, à votre époque, à des campagnes dans leur propre pays, outre-mer, au Canada, en Inde, en Amérique. Cela s'expliquerait partiellement, dit-on, par la pauvreté de la région avec ses familles nombreuses et sa terre trop peu fertile, mais aussi par une pugnacité indéniable qui se manifeste le plus âprement dans la résistance à une autorité ressentie comme illégitime. Sur ce point, Madame, je devrais raconter de longues histoires (hors de propos ici) pour vous faire comprendre qu'également à l'époque où je vis, au cours de ce qui est considéré jusqu'à ce jour comme la dernière guerre, les montagnes du Vercors ont joué un rôle important comme foyer de l'illégalité, comme bastion de ce que nous appelons les « maquisards ». Lorsque vous viviez au château de votre mari, la région devait encore bourdonner des rumeurs concernant Louis Mandrin, fils d'un marchand de bestiaux, devenu contrebandier et brigand à la suite de désillusions et de déboires et qui, après des actes d'une folle mais spectaculaire audace, fut saisi et roué vif à Valence en 1755 (aujourd'hui encore, à Valence, à Romans et dans nombre d'autres bourgs du voisinage, des rues et des places portent son nom).

De votre fenêtre, Madame, vous pouviez voir chaque jour de jeunes hommes qui avaient beaucoup moins de chances de succès dans la vie que n'en avait eu Louis Mandrin ; garçons en chemises déchirées, pantalons rapiécés, pieds nus : valets d'écurie, bergers. Ils n'osaient lever les yeux vers l'endroit où vous vous trouviez. Ils appartenaient au sexe fort, avaient un corps jeune, les épaules larges, mais ils n'étaient pas libres et ne connaîtraient jamais la vraie liberté aussi longtemps qu'ils vivraient. Pour les gens de cette classe, toute possibilité de réussir socialement, où et par quelque moyen que ce fût, était exclue. Même l'homme qui vous a inventée, Madame, Choderlos de Laclos – bien qu'infiniment supérieur aux fils des métayers et du personnel de votre mari, tant par la naissance que par l'éducation et les circonstances matérielles –, fut lésé à de nombreuses reprises au début de sa carrière (comme militaire dans le génie) au profit d'aristocrates qui lui étaient inférieurs intellectuellement, mais dont les titres nobiliaires étaient beaucoup plus anciens.

Vous, Madame, de haute naissance mais *femme* – vous n'étiez pas « libre » non plus. Vous aviez toutefois un avantage considérable : votre intelligence et la possibilité de vous en servir. Vous aviez lu dans Descartes une définition de ce qu'est la véritable liberté : le bonheur suprême que les esprits vulgaires attendent vainement de la Fortune, mais que l'homme ne peut atteindre que par ses propres moyens. Avec Descartes, vous étiez convaincue – à peine âgée de dix-sept ans – que l'homme n'est pas une grandeur donnée une fois pour toutes, mais une création propre que l'on doit renouveler tout au long de sa vie. L'homme est capable de se former lui-même et d'utiliser à son profit tout ce qui lui arrive. Les valets d'écurie et les bergers ne savaient que faire des élans vers la liberté, et toute tentative entreprise pour obtenir leur indépendance serait punie ou pourrait même leur coûter la vie. Leur force juvénile ne leur servait à rien ; aucun changement, aucune amélioration ne pouvait intervenir dans leur existence. Ils étaient à jamais enchaînés à leur état. Lorsque vous y songiez, Madame, vous frissonniez ; mais ce n'était pas un frisson de pitié, bien davantage un frisson d'horreur à l'idée qu'un sort comparable pût vous échoir, à vous, si vous ne preniez pas votre propre sort en main. On vous avait toujours enseigné que surtout par sa grande émotivité, sa vulnérabilité physique et mentale, la femme était inapte à exercer un pouvoir tant sur elle-même que sur les autres. Aussi avez-vous continué, dans ce château de votre époux, à apprendre la maîtrise de soi. Mais non seulement cela ! Une fois encore, je me permets de citer vos propres paroles : « ... ne m'y trouvant entourée que de gens dont la distance avec moi me mettait à l'abri de tout soupçon, j'en profitai pour donner un champ plus vaste à mes expériences. Ce fut là, surtout, que je m'assurai que l'amour, que l'on nous vante comme la cause de nos plaisirs, n'en est plus que le prétexte. »

Une grave maladie du marquis de Merteuil mit fin aux « délices » de la vie agreste. Vous avez donc accompagné votre époux jusqu'à la grande ville la plus proche, Valence, je suppose, où vous disposiez de votre propre maison. Les médecins consultés restèrent impuissants, quelques semaines plus tard vous étiez veuve. La mort de votre mari vous peina parce que vous aviez appris à apprécier son caractère et ne pouviez qu'éprouver de la gratitude envers lui pour la patience et la prévenance dont il avait fait preuve à votre égard. Toutefois vous avez compris – à juste titre – que votre défunt mari n'aurait pu vous faire un plus grand cadeau que celui de sa mort : en tant que veuve, la période de deuil révolue, vous jouiriez, dans un avenir proche, d'une plus grande liberté que vous n'en aviez jamais eue jusque-là. Votre mère vous conseilla de vous retirer dans un couvent, ou de regagner le foyer paternel pour y faire une sorte de demi-retraite, mais vous avez repoussé ces propositions. Pendant un certain temps, vous avez respecté scrupuleusement, dans cette ville de province, toutes les règles du code : tableaux, miroirs, toutes les décorations, voilés de crêpe ainsi que les murs de votre chambre à coucher, du plafond au plancher, vous-même en grand deuil, cachée jour et nuit dans votre maison derrière les persiennes closes. Après avoir entendu toutes les condoléances et participé à toutes les cérémonies de rigueur, vous êtes retournée discrètement au château où, comme vous l'écrivez, vous aviez encore « bien des choses à apprendre ». Pour asseoir vos observations, vous avez adopté la lecture : cette fois cependant ce ne fut pas celle des philosophes ou des satiristes, mais celle de libertins auteurs de contes licencieux, Crébillon fils, Restif de la Bretonne, Nougaret, le pamphlétaire Argens, et bien d'autres. Votre second séjour dans cet « ennuyeux domaine » me semble d'une bizarrerie à couper le souffle. Agée de dix-huit ans, vêtue de noir (d'un noir agrémenté sans doute de détails de votre invention soulignant vos charmes), vous restiez froide, rationnelle, vous concentrant avec un zèle scientifique sur trois problèmes : ce que vous deviez faire, ce que vous deviez penser et comment vous deviez paraître aux yeux des autres. Vos lectures, vos négociations avec les intendants et les notaires et vos expériences « d'un autre genre » (avec les bergers et les garçons d'écurie, je suppose) commencèrent à vous lasser. Vous souhaitiez vous préparer à un retour dans le monde où fleurissaient les joutes spirituelles et les aventures amoureuses. Ce n'était pas l'acuité d'esprit qui vous manquait ; mais vous aviez lu qu'il n'était pas possible de feindre l'amour ou la passion amoureuse. Après avoir longuement réfléchi, vous vous êtes estimée capable de « faire-comme-si » à condition de combiner les talents d'un dramaturge et ceux d'une actrice, ce qui exigeait naturellement concentration et entraînement. Au bout d'un an – la période du deuil ayant pris fin – vous avez définitivement quitté les terres de la famille de Merteuil. Vous êtes repartie pour Paris, non pas dans le but de regagner la maison paternelle ou de vous enfermer dans un couvent pour veuves de haute naissance, mais pour vous installer dans une maison bien à vous, qu'un agent d'affaires avait achetée en votre nom et fait aménager selon vos directives. Dès cette époque, vous avez dû commencer à vous endetter. La famille de feu le marquis (en majorité installée en Bourgogne dans les environs de Dijon, selon les données fournies incidemment dans *Les Liaisons dangereuses*) n'aura pas manqué de suivre de loin, non sans inquiétude, tous vos faits et gestes. Naturellement, votre entourage espérait que vous vous remarieriez sans tarder. Mais vous n'aviez pas l'intention de renoncer à la liberté à laquelle vous vous étiez si longtemps préparée. Du point de vue financier, on pourrait vous reprocher une certaine imprudence. Toutefois, vous avez mûrement réfléchi avant d'établir de nouveaux contacts et de vous faire des relations. Votre séjour à la campagne, « dans un sévère isolement », vous avait valu une réputation de solidité et de vertu. Les personnes que vous auriez souhaité fréquenter dans cette nouvelle phase de votre existence vous tenaient à l'écart, croyant que vous seriez déplacée dans leur cercle d'initiés frivoles. En revanche, vous fûtes reçue à bras ouverts par ceux que vous appeliez le « parti des prudes » ; femmes qui, par leur âge ou par manque d'attraits, ne comptaient pas ou plus, et qui s'érigeaient avec zèle en duègnes pour protéger votre honneur; et hommes honnêtes, sans intérêt à vos yeux, qui firent savoir, en respectant les règles de la bienséance, qu'ils ne demandaient qu'à succéder au marquis de Merteuil en qualité d'époux. Vous avez réussi à satisfaire votre besoin d'aventures osées en une série de liaisons avec de galants comtes et marquis des frivoles cercles mondains, tout en les contraignant à se montrer d'une discrétion telle que ni dans ces milieux, ni parmi la clique pudibonde, ne se manifesta jamais l'ombre d'un soupçon à votre égard. Les duègnes vous défendaient aveuglément, ne fût-ce que parce que vous refusiez l'un après l'autre vos adorateurs sérieux. Même les femmes qui avaient des raisons de vous craindre n'osaient médire de vous. Vous aviez conquis une position inattaquable. Aucune des personnes que vous fréquentiez ne mettait en doute la justesse de l'image qu'il ou elle avait de vous. Au nom de l'amitié, de la sympathie, de l'amour, des délectations sensuelles, de l'intimité badine et spirituelle que chacun croyait être le seul à trouver auprès de vous, on ne demandait qu'à se laisser convaincre de ne rien dévoiler à qui que ce fût des rapports qui vous liaient, et de chérir comme un trésor cette précieuse confiance. De cette manière, vous n'avez pas tardé à être au courant des secrets de cœur d'hommes et de femmes qui ne se doutaient pas à quel point ils étaient de ce fait à votre merci. Vous saviez, sans tomber auprès d'eux dans le discrédit, exploiter à l'occasion ce dont vous aviez connaissance, lorsque cela vous arrangeait. Parfaitement à l'aise, pleine de vitalité, rayonnante, vous maîtrisiez la toile d'intrigues que vous aviez filée vous-même. Jeunes et vieux vous admiraient et vous adoraient, chaque femme se croyait votre plus chère amie, chaque amant pensait être le seul à qui vous eussiez un jour accordé une faveur. Déceptions, déboires, révélations fâcheuses ou coïncidences, on attribuait tout cela à un coup du sort ou à une imprudence personnelle, il ne venait à l'esprit de personne que vous pussiez rapporter à d'autres les confidences chuchotées dans un boudoir ou dans un lit. Et à supposer que cela se fût un jour produit, ne dites-vous pas vous-même que vous saviez toujours exactement à quel moment il convenait de rompre et que vous réussissiez à neutraliser d'avance ceux qui risquaient de vous nuire, en les plaçant dans une situation qui, s'ils vous accusaient, les rendraient ridicules ou peu crédibles.

C'est alors qu'arrivée au zénith de votre carrière de femme du monde vous fîtes la rencontre du vicomte de Valmont. Ou plus exactement : vous entendîtes parler de lui. Sa réputation était de nature à vous faire penser que vous trouveriez en lui votre pendant masculin. Il n'en fallait pas davantage pour éveiller votre curiosité et votre désir. « Je brûlais du désir de me mesurer à vous dans un corps à corps », avez-vous écrit à Valmont dans cette quatre-vingt-unième lettre déjà si souvent citée du roman de Laclos. Et aussi : « Ce fut la seule fois où je perdis la maîtrise de moi et tombai éperdument amoureuse. » Oh ! voilà qui est certain, Madame. Valmont devint votre « Waterloo ». Ce que signifie exactement cette expression, il ne m'est pas possible de vous l'expliquer, à moins que vous ait été accordée une vie-dans-le-temps allant au-delà des défaites du caporal qui devint empereur, empereur des Français, après la chute des Bourbons et l'échec de la Révolution. (Votre créateur Laclos n'a pas vécu cette période ; il mourut en Italie en 1803, lors d'une campagne à laquelle il participait en tant qu'artilleur au service de ce même carriériste-sans-pareil, Bonaparte.) Valmont marqua le tournant de votre vie. Vous croyiez l'avoir, lui aussi, sous votre emprise ; dans la cent cinquante-deuxième lettre des *Liaisons* vous faites brièvement allusion à une faute grave dont Valmont se serait rendu coupable envers la Cour ; envers le roi ? Crime de lèse-majesté ? Conspiration ? Haute trahison ? Damiens, qui commit un attentat (manqué) contre Louis XV en 1756, fut longuement martyrisé et finalement écartelé vivant par quatre chevaux. Les offenses à l'adresse de la Maison royale étaient punies, dans le meilleur des cas, d'incarcération à la Bastille ou dans une autre forteresse. Vous connaissiez le secret de Valmont, vous auriez pu le trahir. En réalité, il avait plus de pouvoir sur vous, parce que, en ce qui le concernait, vous étiez, pour la première et la dernière fois de votre vie, vulnérable.

Le roman de Laclos est moins la chronique de vos scandaleuses et fatales intrigues que celle de votre défaite progressive. Vous croyiez avoir encore tous les fils de la situation bien en main, alors qu'en fait la toile que vous aviez tissée se déchirait déjà et vous emprisonnait dans son inextricable réseau. Dès l'instant où vous avez cessé de manipuler votre entourage, trônant au-dessus de la mêlée telle une divinité impassible, dès l'instant où vous avez faibli, souffert, où vous vous êtes sentie éconduite, désarmée devant la force de l'amour et de la passion que vous croyiez avoir démasqués comme appartenant aux contes de bonne femme ; dès ce moment-là, Madame, vous étiez perdue. Rien ne vous fut épargné. Valmont, éperdument amoureux d'une autre femme, Valmont, irrésolu, désespéré, perdu à jamais pour vous ; et pour finir, Valmont tué dans un duel ; vos amis, vos admirateurs, devenus ennemis implacables ; les cercles frivoles aussi bien que les cercles prudes vous fermant leurs portes, vos créanciers prêts à aller jusqu'au bout dans leurs efforts pour obtenir de vous le paiement de vos dettes insensées ; les parents de votre mari, à Dijon – ses héritiers, puisque vous étiez restée sans enfants –, sortant vainqueurs de la procédure engagée contre vous, ce qui marquait votre ruine définitive.

Votre sœur de lait et femme de chambre, Victoire – jusqu'à ce moment en votre pouvoir parce que vous connaissiez sur sa vie un secret qui, s'il avait transpiré, l'aurait menée à la prison ou à l'échafaud – vous a abandonnée. Qui sait si elle ne vous apporta pas de l'eau polluée pour votre toilette, ou du chocolat contaminé au petit déjeuner, ou si, procédant à votre coiffure, elle ne vous souffla pas les miasmes contagieux de son haleine au visage, vous transmettant ainsi les germes de la maladie si redoutée. Quand, délivrée de vos rêves fébriles et de vos douleurs, vous vous êtes regardée pour la première fois dans votre miroir, vous avez souhaité mourir.

Il existe toujours à Paris – surtout dans le quartier du Marais – de petits palais datant des XVIIe et XVIIIe siècles ; après avoir franchi un porche surmonté d'une voûte au milieu d'une rangée de maisons construites il y a un siècle, hautes, grises, pourvues d'étroits balcons, étage sur étage, on débouche soudain dans une cour pavée et le regard s'arrête en haut, sur des fenêtres encadrées de vrilles en stuc et sur un élégant perron. Les cuisines et les chambres du personnel domestique d'autrefois servent aujourd'hui d'entrepôts et de magasins pour les boutiques situées sur la rue, les étages supérieurs (encore accessibles au moyen d'un escalier en colimaçon bien conservé, datant de plusieurs siècles) sont réservés à des bureaux et des ateliers. Peut-être avez-vous occupé l'une de ces maisons, Madame, disons du moins que Laclos vous y voyait jouant votre rôle de jeune femme à nouveau disponible. Il vous accordait sans aucun doute un carrosse et des chevaux, avec un personnel en livrée comme il se doit, puisqu'il n'aurait jamais pu vous faire mener la vie d'une *dame à la mode* *, s'il ne vous avait vue, en imagination, résider dans une demeure représentative, disposant d'un boudoir, de salons et d'une chambre à coucher reliée par un passage secret au monde extérieur. C'est ce que nous apprend du reste la quatre-vingt-cinquième lettre des *Liaisons dangereuses* dans laquelle vous décrivez comment vous avez séduit en quelques heures l'un de vos adorateurs, faisant de lui la risée de son entourage. Vous y parlez aussi de femmes de chambre, de laquais et d'un vigoureux valet. Bref, vous aviez une vraie petite cour. Vous donniez des dîners et des soirées où l'on jouait aux cartes et aux dés. S'il est vrai que votre intérieur était loin de pouvoir rivaliser avec les aménagements commandés par la favorite du roi, madame de Pompadour, auprès d'artistes en tout genre, il est pourtant permis de penser que vous, qui étiez une femme de goût, vous aviez choisi des meubles, des tentures, des pendules et des tapis qui aujourd'hui encore trouveraient aisément acquéreurs dans une vente aux enchères, en tant qu'objets anciens de pur style, habilement fabriqués. L'un des principaux attraits de votre table était la magnifique argenterie de la famille de Merteuil réalisée par des orfèvres ayant également fourni les rois de France. Vous n'y aviez jamais attaché une très grande importance, considérant cette splendide collection de plats et de coupes (ornés de pampres et de grappes de raisin en vermeil que supportaient des tritons et des dauphins en argent ciselé) comme une décoration en harmonie avec les conversations brillantes ou exubérantes que vos hôtes échangeaient sur le gibier, les pâtés et les grands vins. Mais lorsque, pour la première fois depuis votre maladie, vacillante, amaigrie, vous avez entrepris d'inspecter vos appartements, vous avez pris soudain conscience de la valeur que représentaient les objets exposés sur vos dressoirs. Le doute s'est emparé de vous dans ces salons, dans la salle à manger où aucun hôte n'avait mis le pied depuis des mois. Les rideaux, les miroirs, les lustres, les sièges dorés recouverts de damas ne vous appartenaient pas. Ceux qui avaient levé leur verre ou exécuté un menuet ou une contredanse dans ces pièces n'existaient plus pour vous. Vous erriez à travers ce luxueux décor au goût du jour qui n'était pas payé. A tout instant, vous étiez confrontée, au passage, à votre propre image : une femme en négligé, au corps émacié, les cheveux défaits non poudrés, un bandeau noir sur l'œil devenu aveugle, le visage ravagé par des cicatrices, des bouffissures rouges, des éruptions boutonneuses encore purulentes. Votre personnel était parti ou avait été congédié. Les infirmiers engagés par la famille de Merteuil (qui restait elle-même prudemment à distance) se comportaient en geôliers, sans aucun doute selon les consignes reçues. Personne ne venait vous voir. Les dernières et rares fois où vous vous étiez montrée en public – vous, l'intrigante dissolue, démasquée entre-temps –, toutes les personnes présentes vous avaient tourné le dos, comme si elles s'étaient donné le mot. Les sièges de part et d'autre du vôtre étaient restés inoccupés. Personne ne vous adressa la parole, ne vous regarda. Ces souvenirs vous tinrent compagnie dans la période de convalescence. Lorsque vous entrouvriez une fenêtre, les bruits de Paris vous parvenaient vaguement de loin.

Quand et comment le dessein de vous enfuir a-t-il mûri dans votre esprit ? Question plus prégnante encore : comment y êtes-vous parvenue sans l'aide de personne ? Laclos ne donne, sur ce point, aucune précision. Dans la dernière lettre des *Liaisons dangereuses*, il confie à l'une de vos anciennes correspondantes le soin de signaler la manière humiliante dont vous avez perdu le procès qui vous opposait aux héritiers de feu votre époux. « Aussitôt qu'elle a appris cette nouvelle, quoique malade encore, elle a fait ses arrangements, et est partie dans la nuit, seule et en poste. Ses gens disent, aujourd'hui, qu'aucun d'eux n'a voulu la suivre. » L'épistolière mentionne l'énorme scandale qu'a causé votre fuite, « en ce qu'elle a emporté ses diamants, objet très considérable, et qui devait rentrer dans la succession de son mari ; son argenterie, ses bijoux ; enfin, tout ce qu'elle a pu, et qu'elle laisse après elle pour près de 50 000 livres de dettes ». C'est dans ce récit que l'on peut lire une petite phrase laconique : « On croit qu'elle a pris la route de la Hollande. »

Je tente de m'imaginer votre arrivée à La Haye,

Madame, par exemple par une soirée froide, venteuse, le long de la Maliebaan et du Nieuwe Bosbrug pour emprunter ensuite le Tournooiveld. Vous étiez blottie dans un coin de la diligence, enveloppée dans votre manteau de voyage, le capuchon rabattu le plus bas possible, le visage voilé. Vous teniez sur vos genoux l'étui contenant les diamants de la famille de Merteuil. Pendant quatre ou cinq jours – combien de temps durait un tel voyage à votre époque ? –, vous vous étiez tenue totalement à l'écart des autres voyageurs, tant dans la diligence que dans les relais en cours de route, où l'on dételait pour permettre le repos et le remplacement des chevaux fatigués par des chevaux frais. Lorsque les roues cliquetèrent sur les pavés de Lange Vijverberg, vous avez un instant écarté le rideau de la vitre et jeté un coup d'œil au-dehors, ou du moins tenté de distinguer quelque chose dans la demi-obscurité. Mais, à travers le brouillard ou la pluie, vous n'avez rien vu d'autre qu'une vague lueur derrière les fenêtres du Logement de Dordrecht et des maisons de De Plaats. Vous avez demandé à être conduite à l'auberge de la ville, sur le Groenmarkt, et réclamé la meilleure chambre disponible. Un bon feu brûlait, le lit était confortable. Après vous être assurée que tous vos bagages étaient arrivés sans encombre, vous avez sombré, épuisée, dans un profond sommeil. Le lendemain matin seulement, lorsque la femme de chambre qui vous apportait de l'eau chaude ouvrit les volets, vous avez pu, par une fente entre les courtines, apercevoir les contours de la tour de l'église et le toit de l'Hôtel de Ville se profilant sur la grisaille du ciel. Plus tard, vous vous êtes longuement arrêtée devant la fenêtre aux petits carreaux verdâtres pour regarder le marché entouré de façades en brique bien proprettes, les bourgeois hollandais et les commerçants vêtus de bure et de serge inusables. Même dans les auberges campagnardes du Nord de la France, avec leurs cours pleines de fumier, de boue, de porcs et de valets crasseux, vous ne vous étiez jamais sentie aussi totalement déplacée, aussi mal à l'aise qu'ici. Ainsi commença votre exil volontaire dans une région à laquelle vous n'auriez jamais auparavant daigné accorder la moindre attention.

Laclos n'aimait pas la Hollande. Dans *Les Liaisons dangereuses* (quarante-septième lettre), il met en scène un bourgmestre qui est une pure caricature stéréotypée : « une petite figure grosse et courte, qui me baragouina une invitation en français de Hollande, [...] un petit tonneau à bière » que Valmont, Émilie (une danseuse galante de l'Opéra) et leurs amis ridiculisèrent, enivrèrent et renvoyèrent ensuite dans ses pénates. En 1794, après une période de détention (il passait pour un libertin suspect), à nouveau requis au service de la nouvelle République française pour des travaux de recherche concernant des explosifs, Laclos, très intéressé par la politique, écrit : « Je ne vois dans la Hollande qu'un sol dont nous ne tirons aucune matière première, couvert d'une population immense, très cupide et très laborieuse, qui nous apporte les productions de l'étranger, lui exporte les nôtres et nous enlève le bénéfice du fret et l'avantage si précieux pour la France d'une populeuse navigation ; qui nous achète nos matières premières, vient nous les vendre manufacturées et nous enlève le bénéfice de la main-d'œuvre ; qui nous vend le plus chèrement qu'elle peut les productions exclusives de ses colonies et qui enfin de tous ces bénéfices réunis et pris sur nous forme des capitaux qu'elle place en Angleterre. Dans tout cela je ne vois assurément rien d'amical. » C'est vers ce pays où règnent l'assiduité au travail, l'appât du gain et une froide ambition que Laclos a choisi de vous faire fuir. Peut-être pensait-il que, compte tenu de votre caractère, vous y étiez à votre place, ou estimait-il que vous, qui possédiez des qualités si totalement opposées à la nature néerlandaise, vous recevriez ainsi, dans le commerce quotidien avec ce peuple, la récompense que vous méritiez : exaspération et frustrations.

Une question en appelle une autre. Pourquoi éprouvé-je le besoin de m'adresser à vous ? Pourquoi faut-il que je couche sur le papier à l'intention de la créature imaginaire, fabriquée de toutes pièces que vous êtes, ce que j'ai cru lire entre les lignes, dans les lettres dont vous êtes, au gré de Laclos, tantôt l'auteur, tantôt le destinataire, tantôt l'objet ? Pourrais-je, souhaiterais-je correspondre avec vous si vous existiez vraiment ? Vous ne m'inspirez aucune sympathie, pas même de la pitié. Mais alors, qu'êtes-vous donc pour moi, madame la marquise de Merteuil ? Je crois bien que si vous me passionnez, si je me suis plongée dans l'analyse de votre personnage au point de m'imaginer apercevoir votre ombre dans un modeste parc du voisinage, si, enfin, j'ai voulu *trouver des mots* pour vous décrire, c'est parce que vous existiez déjà en moi, comme une image intérieure.

2. La marquise de Merteuil à une correspondante inconnue

A qui puis-je écrire maintenant que Valmont est mort et que je n'existe plus pour ceux parmi lesquels je choisissais jadis mes correspondants ? Écrire à Valmont constituait pour moi une manière de penser tout haut. Je n'ai jamais été aussi communicative avec d'autres que lui. Et encore... car même envers lui, justement envers lui, je ne pouvais me permettre une véritable confidentialité. S'il est un endroit où la preuve est faite que l'intimité du lit n'implique pas que l'on dénude aussi son cœur, c'est bien dans *cette liaison-là*. Quelle tournure aurait pris notre relation si je n'avais pas constamment gardé intacte cette dernière couche protectrice de réserve ? Jamais Valmont n'a su ce qui me passionnait en lui. Dans les années d'exil passées ici, cette pensée m'a beaucoup plus occupée que je ne voudrais l'avouer à qui que ce soit. Je sais combien vaines sont de telles considérations. Valmont est mort, et je suis celle que je suis. Ce qui était naturel chez l'Autre – dont je me refuse à prononcer le nom – et irrésistible (si je dois en croire les déclarations de Valmont sur ce point, et je ne peux malheureusement qu'y ajouter foi) eût été pour moi un *rôle* pour lequel je n'ai ni le don, ni l'entraînement nécessaires. Spontanéité, douceur, naïveté, piété, tendresse, esprit de sacrifice n'entrent pas dans mon équipement. Au besoin – c'est-à-dire quand les circonstances l'exigeaient – je pouvais parfois donner l'impression de posséder ces qualités. A l'égard de Valmont, j'ai toujours estimé cette comédie superflue car indigne de lui et de moi. Il me semblait que la conformité de nos tempéraments, de nos dispositions et surtout le même niveau d'intelligence créaient entre nous un lien indissoluble. Mais lorsque je relis les lettres que m'écrivit Valmont dans la dernière phase de nos rapports, je crois discerner entre les lignes des indices de sentiments et d'aspirations dont je ne l'eusse jamais cru capable. J'ai interprété son insistance répétée pour que soient renouées nos relations amoureuses comme un signe d'ennui de sa part, comme un manque d'inventivité, causé par un séjour, trop prolongé à mon sens, en province, auprès de sa tante à héritage. Je lui écrivis alors pour le prier de revenir à Paris car il me manquait, ainsi que nos rencontres – depuis un bon moment purement platoniques, il est vrai, mais toujours toniques par le ton et la teneur de nos entretiens. Il répondit par de belles phrases que j'eusse pu interpréter comme une nouvelle déclaration d'amour si j'avais eu le courage de reconnaître que je souhaitais plus que tout voir notre liaison se poursuivre sous son ancienne forme. Mais, tellement conditionnée par ma tendance innée à être toujours sur mes gardes et par mon expérience de ce que l'on appelle « le monde », j'ai songé, à côté d'un marasme temporaire du Vicomte, également à la possibilité d'un piège soigneusement préparé par lui dans l'intention de me nuire, pendant ses heures d'oisiveté à la campagne. C'était moi, en fin de compte, qui avais mis un terme à notre liaison ; un procédé dont j'avais fait ma règle de conduite, que je n'ai jamais cessé d'appliquer à l'égard de tous mes amants (sauf un, mais j'y reviendrai !) et qui ne devait en aucun cas échouer, spécialement avec Valmont. Je ne voulais à aucun prix m'exposer à vivre l'instant où il serait le premier à déclarer qu'il en avait assez de moi et de notre aventure érotique (que je croyais insurpassable dans son genre). Valmont, lui-même passé maître en l'art de violer ses engagements, fut surpris de la manière rapide et radicale dont je rompis avec lui. Croyant le connaître à fond, je m'attendais à une tentative de revanche. Aussi me suis-je abstenue d'acquiescer à sa proposition, formulée à mots couverts, de renouer les relations ; en revanche, je lui lançai un défi en l'incitant à faire une autre, une nouvelle conquête : séduire la fiancée du seul homme qui avait réussi à me gagner de vitesse et dont je voulais me venger. Ce projet déclencha les événements qui coûtèrent la vie à Valmont et me condamnèrent à l'état de morte vivante.

A qui est destinée cette lettre ? Je ne connais personne au monde qui m'inspire l'envie de formuler avec toute la précision et la sincérité possibles les pensées et les sentiments qui marquèrent la dangereuse liaison dans laquelle Valmont et moi nous nous lançâmes à corps perdus, nous aiguillonnant l'un l'autre, et ce, à la suite d'un simple malentendu. Je n'ai jamais eu d'amis ni d'amies au sens usuel du terme. Au fond, aux heures de mes plus grands triomphes, je n'étais pas moins solitaire qu'aujourd'hui. J'avais la plume facile et je savais mener une conversation là où je voulais. Les mots, dits ou écrits, étaient pour moi des instruments dociles ; l'effet qu'ils devaient produire était toujours lié à ma stratégie du moment. Lorsque j'écrivais ou parlais, je ne pensais pas au plaisir du dialogue en soi, pas même avec Valmont.

Un changement se serait-il opéré dans ma personne ? Je décèle soudain en moi un besoin que j'ignorais jusqu'ici : *échanger des idées avec quelqu'un*. Ce désir vient trop tard, car il n'est plus un seul être qui puisse devenir mon confident. Paris, où j'étais chez moi – ou plutôt où je me croyais chez moi –, m'a proscrite. Même si l'ampleur de mes dettes ne m'avait pas contrainte à m'enfuir, j'aurais trouvé toutes les portes closes. Non pas tant parce que, dans les salons où je connus la célébrité, mon visage maintenant mutilé susciterait la répulsion (je connais trop bien ces cercles pour ignorer que la recherche du sensationnel et l'appât d'une satisfaction goguenarde m'eussent permis d'y avoir mes entrées pour un temps), mais surtout à cause du scandale sans précédent que je provoquai en osant faire – moi, une femme ! – ce que la plupart des hommes de notre milieu se permettent depuis que le monde est monde.

La femme peut se livrer au libertinage à la seule condition que personne ne l'apprenne. Elle peut commettre les pires crimes, pourvu qu'elle agisse discrètement. La seule chose qu'on ne lui pardonne pas, qu'on ne lui pardonnera jamais, c'est de montrer ouvertement de l'inclination ou de l'ambition. Seul l'homme a le droit d'exister, le droit d'être, au vu et au su de tous. La mort de Valmont et la découverte de lettres que je lui avais écrites ont mis au jour l'art que je maîtrisais si bien de me servir des autres pour exercer mon pouvoir et me procurer du plaisir, dussent ces autres en souffrir. Ce que l'on tolère et même souvent ce que l'on admire secrètement chez les tyrans et les libertins – à tel point même que l'on parle de « conquérants » dans la guerre comme en amour – est inadmissible dès lors que l'initiative vient d'une femme. Depuis ma venue dans ce pays, j'ai longuement réfléchi à cet état de choses que j'ai toujours accepté comme inéluctable et sur lequel je n'ai jamais cessé de régler mon comportement.

En Hollande, je n'ai pas de relations mondaines. A quoi bon attirer l'attention sur la précarité de ma situation ! L'ambassadeur de Sa Majesté auprès de la cour du Stathouder à La Haye pourrait bien se croire obligé d'exiger mon extradition ou de rendre mon séjour ici intolérable d'une autre manière. Je ne doute pas un instant qu'il soit au courant de ma présence et des circonstances dans lesquelles je me trouve ; mais même dans ce cas, la discrétion s'impose. En achetant la propriété que j'ai appelée « Valmont » (ce qui ne surprend personne puisque c'est la traduction littérale du nom que portait déjà ce lieu), je suis devenue une résidente officielle. Si je ne provoque aucun scandale, il sera très difficile de me chasser d'ici. Cependant, même si j'étais parfaitement en état de participer à la vie publique de cette ville, je ne le voudrais pas. Il n'y a rien d'attrayant pour moi dans une société qui ne peut être, dans le meilleur des cas, qu'un pâle reflet du *beau monde* * que je connus jadis.

Au cours des rares visites que j'ai faites à la ville au début de mon séjour (en carrosse et le visage voilé) afin de régler, nantie de mes diamants et de mon argenterie le financement de ma maison auprès de l'un des nombreux banquiers renommés que compte ce pays, j'ai pu voir, sur le cours du Lange Voorhout, les aristocrates haguenois se promener à pied ou à cheval, du moins quand les circonstances atmosphériques le permettaient. A certains égards, le spectacle m'a rappelé Valence : chic provincial, dignité, ennui. Certains tentent visiblement de copier le style de Paris, ou ce qu'ils croient être tel ; dans les milieux distingués, on parle du reste français, la langue nationale étant pratiquée par les petits-bourgeois et les domestiques. Les dames se collent des mouches sur les joues, mais comme elles n'osent pas user assez de rouge elles n'obtiennent pas l'effet voulu. Les jeunes messieurs s'efforcent, à l'aide de tricornes et de vestes en brocart dernier cri, de prendre des airs de *petits maîtres* *, ce qui ne leur réussit guère vu leurs silhouettes gauches et leurs gestes empruntés. Je me vois mal assistant à un thé dans l'une de ces pièces donnant sur la rue (où chaque passant peut voir ce qui se passe à l'intérieur), entre des vitrines à porcelaine et des étagères garnies de chinoiseries que l'on collectionne volontiers dans ce pays. Que puis-je avoir en commun avec ces dames, le plus souvent corpulentes, engoncées dans des toilettes en retard de deux modes et qui, j'imagine, parlent de leurs enfants (nombreux !) ou des tulipes rares qu'elles ont cultivées dans les jardins de leurs maisons de campagne ; ou avec les sérieux messieurs hollandais, trop peu hommes du monde pour se livrer à de galants jeux de mots, tels que moi je les conçois, et dont la tête et le cœur sont du reste remplis de questions d'affaires avec les Indes orientales (noblesse et esprit mercantile font ici bon ménage) et d'intérêts politiques qui ne me concernent pas. Que ferais-je, où que ce soit dans le monde, parmi des gens au visage lisse, rayonnant de la satisfaction de soi ? Avec qui pourrais-je entretenir une correspondance ?

Il existe, dit-on, dans ce pays, quelques femmes cultivées et spirituelles qui écrivent aussi des romans et même de savants traités. J'ai entendu parler d'une certaine baronne Van Zuylen et d'une bourgeoise du nom d'Élisabeth Wolff[1]. Qu'elles soient qualifiées d'excentriques et de « libérales » plaide en leur faveur. Mais est-ce là une raison suffisante pour rechercher leur compagnie ? Je considère l'esprit et l'intelligence – dont ces deux dames sont largement pourvues, semble-t-il – comme la première des conditions pour entrer en contact. J'aimerais voir ces qualités dominées par un mélange de scepticisme et de vitalité, pour lequel je n'ai pas de nom. La correspondante que je souhaiterais avoir doit, bien que parfaitement féminine (comme moi), (une fois de plus comme moi) n'être point limitée intérieurement par le seul fait qu'elle est femme. Ce siècle produit-il de telles femmes en dehors de celles qui naissent dans le cerveau d'idéalistes créatifs, d'hommes qui, eux-mêmes, sont mécontents de leur propre condition ?

Même si je le voulais, cela me demanderait un trop grand effort d'établir des rapports avec la baronne Belle Van Zuylen, qui du reste n'est pas baronne, me vient-il à l'esprit, mais appartient à ces aristocrates sans titres qui fourmillent dans ce pays. J'ai appris

1. Femmes de lettres néerlandaises. Voir pages 189 *sq*.

qu'elle ne portait même plus ce nom, car elle a épousé un Suisse et habite depuis des années à Neuchâtel. Je n'ai pas envie de correspondre avec quelqu'un qui est si loin de moi. Non pas que j'aie jamais eu l'intention de rechercher des contacts personnels. Mais il n'est pas sans importance pour moi que l'on vive dans la même ambiance, sous le même climat. Existe-t-il une plus grande différence que celle qui sépare ce plat pays tourmenté par le vent, où je demeure aujourd'hui, et les sommets enneigés que madame de Charrière (car c'est ainsi qu'elle s'appelle à présent) peut voir de ses fenêtres ? Je trouve de surcroît désagréable de devoir attendre une réponse plus de deux jours. Lorsque arrive une réaction à ma lettre, ma propre humeur a déjà changé, ce qui réduit l'envie de donner la réponse. J'ai joué un instant avec l'idée de m'adresser à la veuve Wolff. Elle connaît le français, comme en témoigne sa traduction récente[1] des œuvres de madame de Genlis, l'un des coryphées des salons littéraires parisiens. L'écrivain Wolff est une savante, mais elle a la réputation d'être frivole, ce qui a éveillé ma curiosité. J'ai recueilli des renseignements sur elle auprès du libraire qui me procure de la lecture. Il vient régulièrement au manoir Valmont m'apporter des livres que je lui ai commandés et me montrer de nouvelles éditions. Mon « malheur » lui inspire tant de compassion qu'il ne s'épargne aucune peine. Il transporte en calèche la moitié de son magasin pour me rendre service. Je suis probablement l'une de ses meilleures clientes. Il faut dire aussi que je le paie comptant. Nous ne pouvons nous

1. *Adèle et Théodore* (1782), entre autres textes.

passer l'un de l'autre. Cet homme est une source de nouvelles. Il m'a raconté bien des choses sur madame Wolff, qui est ici une célébrité. Il semble qu'elle ait fui, adolescente, le foyer paternel en compagnie d'un lieutenant ou d'un aspirant et qu'elle se soit cachée avec lui plusieurs jours. Grand scandale dans sa ville ! Cette bourgeoise peut se féliciter, je crois, de n'avoir pas eu à subir d'autres dommages que d'être chapitrée par l'Église et consignée chez ses parents ; dans mon milieu, à Paris, une jeune fille dans une telle situation – si du moins le bruit de son escapade s'est répandu – n'a d'autre choix que le couvent ou le suicide. Madame Wolff ne s'est pas mariée avec son amant, mais avec un pasteur qui aurait pu être son père (et, à en croire la rumeur, même son grand-père !). Qu'une grande différence d'âge ne constitue en aucun cas un obstacle à ce que l'on appelle les joies du lit conjugal, je le sais par expérience. Mais je crains que madame Wolff n'ait pas – ou très peu – pu savourer de telles délices avec son vieux protestant d'époux. Elle a réussi à écrire en quelques années une œuvre considérable incluant des poésies et des traités philosophiques. Mon libraire la porte aux nues et ne tarit pas d'éloges sur ses idées progressistes, démocratiques. Elle appartient à un cercle de sympathisants républicains qui se nomment ici les Patriotes et semblent avoir des contacts avec des partisans de la même doctrine en France. Mon informateur, dévoué à la même cause, ne serait pas si ouvert s'il pouvait soupçonner de quel milieu je viens. Me connaissant en tant que Française réfugiée dont le nom n'est pas pourvu de la particule nobiliaire « de », il me considère comme une ennemie de la monarchie et des Bourbons et comme une fidèle auditrice de ses discours politiques. Il existe ici, de longue date, beaucoup de libres penseurs parmi les éditeurs et les libraires. Les nombreux ouvrages interdits (même dans ce pays réputé pour sa liberté spirituelle) – surtout les œuvres érotiques ! préjugé typiquement bourgeois ! – sont néanmoins imprimés secrètement et vendus, comme l'on dit, sous le manteau. Lui, mon fournisseur, incarne un mélange d'idéalisme, de pragmatisme et de sens critique qui m'amuse. A l'entendre, j'ai l'impression que cette veuve Wolff, qu'il rencontre régulièrement dans son cercle d'amis patriotes, est une petite bonne femme qui – dans le contexte néerlandais – a vraiment du sang dans les veines. Je n'envisage pas pour autant d'entamer un échange épistolaire avec elle, même si mon libraire prétend que d'entrée de jeu elle a été enthousiasmée par ce qu'il lui avait dit de moi. Que pourrions-nous avoir de commun ? Je me suis en outre laissé dire qu'elle s'abandonne totalement à ces amitiés de cœur qui sont tant à la mode aujourd'hui. Depuis son veuvage, elle cohabite et travaille avec une certaine demoiselle Deken[1], une moitié de béguine, si mes renseignements sont exacts ; l'une n'entreprend rien sans l'autre. (Elles ont même écrit ensemble un roman qui, selon mon informateur, est fort osé d'un point de vue pédagogique.) En un mot, qui veut rencontrer Wolff doit accepter Deken par-dessus le marché. Mais les rapports sentimentaux entre femmes ne m'intéressent pas. Que la reine Marie-Antoinette ait pu introduire à la Cour ce genre d'entichement, très *germanique* selon moi, est

1. Femme de lettres. Voir page 189.

une preuve de plus de la vitalité déclinante de notre aristocratie.

Je veux continuer à observer de loin les dames Wolff et Deken, car elles m'intéressent, ne serait-ce que parce qu'elles ont réussi, grâce à leur plume fertile, à se rendre indépendantes, et même plus que cela. Elles habitent une riante propriété à la campagne, on les dit très à l'aise, même si nanties qu'elles ont engagé un expert pour régler leurs affaires. Mon libraire le sait exactement, parce que l'homme en question, un juriste, est aussi membre de la compagnie des patriotes. Ces auteurs peuvent bien – contrairement à moi – être libérés de tous soucis d'argent, elles sont pourtant à mes yeux beaucoup moins libres que moi dans des domaines plus fondamentaux, parce qu'elles croient devoir obéir à des principes moraux et à des obligations sociales auxquels je n'adhère pas. Plus j'y songe, plus je suis convaincue que si je le désire vraiment, je pourrais établir avec ces deux dames des rapports qui, pour elles, seraient salutaires à certains égards (inspirations insufflées par un esprit plus « mondain » !) et pour moi s'avéreraient assez avantageux matériellement parlant. Pourtant, je recule chaque fois devant une telle initiative de ma part ; cela signifierait en effet que je devrais me plonger dans le climat spirituel de cet étrange pays où tout semble être à une plus petite échelle et d'une tout autre nature que celle du monde d'où je viens. Dans l'intimité du manoir Valmont, je peux du moins m'en tenir à mes propres normes, à mon propre goût. J'ai toujours eu le don d'adopter comme un caméléon la couleur de mon environnement (s'il en était besoin), à condition toutefois que l'ambiance et le niveau ne diffèrent pas sensiblement de ceux auxquels je suis accoutumée. Je connais trop peu les habitants (je ne parle pas des étrangers de marque, ni des gens de qualité ou des riches, mais des citoyens moyens dont font partie les dames Wolff et Deken) pour élaborer – à ce stade – une politique d'approche qui me permettrait, le moment venu, de récolter les fruits de cette fréquentation.

Les très rares fois où il m'arrive de me promener en carrosse, j'observe, tapie au fond de la voiture, cette société qui m'entoure. Voltaire a prétendu un jour que La Haye (où lui aussi a séjourné quelque temps) lui était apparue comme un paradis dans les instants où le soleil voulait bien se montrer. Je ne partage pas son point de vue. Par un jour sans nuages, la luminosité y est autre qu'ailleurs : c'est une clarté essentiellement froide, qui crée une distance et semble inviter à l'observation. Ce n'est pas, ce n'est jamais, pas même aux plus beaux jours de l'été, l'azur ardent qui exalte les sens, mais bien plutôt, me semble-t-il, une limpidité qui n'est pas sans dangers ; on pourrait être tenté de découvrir plus de choses que n'en offre la réalité.

Dans un instant de faiblesse (sous l'effet d'une solitude constante, l'être peut parfois céder à la tentation de se livrer à un jeu déraisonnable), j'ai essayé de me représenter une correspondante appartenant à un siècle encore à venir. Je peux inventer une femme en tout point le contraire de ce que je suis, tant au physique que par les circonstances dans lesquelles elle vit, mais qui me ressemble par la qualité de son intelligence. Je pourrais scruter assez longtemps les taillis qui entourent mon jardin pour y découvrir, dans le tourbillon des feuilles et des rameaux, entre les taches mouvantes d'ombre et de lumière et dans les trouées toujours changeantes du feuillage, une silhouette à l'aise dans des vêtements lâches dégageant le pied, une femme aux cheveux courts, flottants, qui marche à pas rapides lorsqu'elle en a envie, et qui peut parcourir seule, librement, tous les sentiers; une femme qui existe dans une autre réalité et pour qui je suis – telle que me voici – aussi étrange qu'une découverte archéologique.

Supposons que, par un mirage inexplicable, une telle créature surgisse en quelque sorte du néant; de quoi pourrions-nous bien nous entretenir, en admettant que nous parlions la même langue? Si je lui racontais la vie que j'ai menée autrefois et que, à son tour, elle me fasse le récit des relations qui déterminent le cours de son existence, ce serait comme si nous tracions un signe mystérieux dans le ciel, une figure mathématique invisible, le pentacle du problème essentiel de notre sexe: la relation avec l'homme. Je crois bien que nous n'aurions rien de nouveau à nous dire, qu'aucune aide mutuelle ne serait possible, parce que la situation dans laquelle nous nous trouvons est vieille comme le monde et immuable, en dépit des modes et des sociétés, au mépris de l'avènement et du déclin des civilisations. Celle avec qui je voudrais correspondre doit être pleinement consciente de la condition féminine, sans pour autant renoncer à son indépendance d'esprit. Pour elle – si elle existait – je voudrais coucher sur le papier ce que l'expérience m'a appris.

Eh bien, chère confidente invisible, inconnue et – je le crains – absente, ce que l'homme cherche dans la femme, aucune créature de notre sexe ne peut à elle seule le lui donner: ainsi l'a voulu la nature. L'homme, créé pour être polygame, introduit lui-même dans chaque relation qu'il noue le germe de mort de cette relation. C'est un fait indiscutable ; on peut bien espérer ou souhaiter ardemment le contraire, quoi que l'on fasse, rien ne changera jamais à cette situation. Ce qui m'est arrivé, ce que j'ai vu et entendu autour de moi, m'incline de plus en plus à penser que la différence biologique entre l'homme et la femme que l'on appelle le « sexe » est déterminante pour notre comportement, notre façon de sentir et de penser. Le bonheur – si l'on entend par là l'accomplissement de sa propre destinée et par conséquent la « satisfaction » tirée de l'existence qui nous est donnée – est peut-être possible dans un état naturel idéal, où la culture revient à traduire en us et coutumes cette différence biologique et où la vie humaine ne dure pas plus que le temps nécessaire à chacun de nous pour en parcourir toutes les étapes. Les explorateurs nous assurent qu'ils ont rencontré un tel état parmi des tribus lointaines d'Afrique ou d'Amérique du Sud et dans les îles de l'océan que l'on appelle le « Pacifique », celui qui apporte la paix. Quiconque imagine possible le retour à une condition à peine supérieure à l'inconscience des animaux me paraît bien insane. Dans notre société policée, le bonheur conscient n'existe pas, ou alors il réside dans un état de renoncement acquis grâce à une volonté de fer et à une capacité de concentration pareilles à celles qu'atteignent parfois, dit-on, les anachorètes et les cénobites.

Le milieu auquel j'appartiens s'est adapté tant bien que mal à l'ordre naturel des choses, tel que je l'ai décrit plus haut. Le plus souvent, nous avons les moyens matériels de rendre, dans une certaine mesure, le malaise et le mécontentement supportables et de couler dans une forme agréable ou séduisante les instants, hélas trop éphémères, d'amusement et de jouissance. Les basses classes peuvent se rabattre sur les vertus chrétiennes de charité et de résignation, pour autant qu'elles ne sont pas accaparées par les besognes quotidiennes pour prendre conscience de l'absence de bonheur.

La différence biologique dont je parlais tout à l'heure se ramène à ceci : sexuellement parlant, l'homme a des chances de connaître le « bonheur » tant qu'il est considéré comme un *homme*, c'est-à-dire comme un être disposant d'un pouvoir social réel ou potentiel, et, dans notre société, cela peut durer soixante-dix ans ou plus.

Le pouvoir de la femme coïncide avec la fécondité et la capacité de séduire. Cela signifie que la période pendant laquelle elle est considérée comme désirable et digne de recevoir les hommages masculins ne dépasse pas quinze à vingt années (dans le meilleur des cas). C'est dans cette seule période de plénitude sexuelle que la femme peut connaître le « bonheur ».

Aussi longtemps qu'un homme se sent homme, qu'il compte dans la compétition sociale, que ce soit à la Cour, dans le Commerce, les Finances ou la Science, les femmes désirables (c'est-à-dire surtout celles qui éveillent aussi le désir d'autres hommes que le leur) resteront pour lui l'incarnation du succès, de tout ce qu'il veut ou espère atteindre. Quelles qualités exceptionnelles la femme vieillissante ne doit-elle pas avoir pour qu'un homme du monde estime que sa compagnie rehausse son prestige ! Et même alors, son empressement à s'afficher avec elle est dans quatre-vingt-dix-neuf pour cent des cas purement extérieur. Un homme veut bien être vu avec une femme entre deux âges dont la réputation d'hôtesse influente n'est plus à faire, qui est l'âme d'un salon littéraire ou que l'on cite en exemple pour ses actes de générosité et pour sa vertu inébranlable, mais il y a fort peu de chances pour qu'il lui fasse sérieusement la cour, même s'il a le même âge qu'elle. (Je parle, bien entendu, de ce que l'on est convenu d'appeler des liaisons amoureuses et non pas de relations basées sur des transactions purement professionnelles.)

Du point de vue des hommes, la solution idéale serait que les femmes de leur âge – avec lesquelles ils ont eu, dans leur jeunesse, des liaisons amoureuses – se retirent autour de la quarantaine dans une sorte de béguinage séculier pour, au besoin, y exercer le rôle de conseillères, d'amies, de mères, de sœurs. Plus d'un homme qui a « fait son temps » pourrait trouver parmi elles une compagne dévouée. Mais les hommes reconnaissent-ils jamais « avoir fait leur temps » ? Peut-être est-ce justement dans la nature de l'homme de ne pas l'admettre. Il a le temps, lui, le Temps lui appartient. Et pourquoi les femmes s'accommoderaient-elles d'une seconde période d'attente encore moins prometteuse, si tant est que cela soit possible, que celle de leur prime jeunesse ? On dit très vite des femmes qui ne veulent pas se départir de leur « pouvoir », qui refusent l'étiquette dégradante de « présences devenues indésirables », qu'elles sont *jalouses*. Mais quand une femme veut ou semble vouloir échapper à l'homme qui la considère comme son bien, la réaction de ce dernier n'est pas qualifiée de jalousie. On estime tout à fait normal qu'un homme mette en œuvre tous les moyens dont il peut disposer, y compris au besoin la violence, pour ne pas risquer d'être placé dans une situation qui l'obligerait à se montrer jaloux. L'homme qui a des raisons de l'être est un cornard ; il est la risée de tous : il n'avait qu'à ouvrir l'œil ! Il n'a d'autre recours que de demander à son rival, l'offenseur, réparation par les armes, et d'exercer sa vengeance sur la femme, d'une manière ou d'une autre, pour sauver l'honneur de son nom, terni, pense-t-il, par le ridicule dans lequel il est tombé. La jalousie est considérée comme un état affectif caractéristique de la femme : c'est sa manière de réagir à des comportements de l'homme qui sont inséparables de son tempérament, car ainsi l'a voulu la Nature. Aux yeux d'autrui, une femme jalouse a toujours tort : elle n'inspire qu'irritation ; si elle veut continuer à mériter l'estime de son entourage, elle doit se montrer *digne*, autrement dit, ne rien faire, ne rien dire, ne rien laisser paraître de ce qu'elle éprouve, mais au contraire accepter les changements les plus flagrants dans ses rapports avec l'homme en question et se comporter comme s'il s'agissait de la chose la plus normale du monde. Jamais la femme ne se rend mieux compte de l'impuissance à laquelle elle est en définitive condamnée que dans une telle situation. Celle qui en souffre, quel que soit le nombre de ses compagnes d'infortune, est vouée à une solitude totale.

Pour ne pas tomber dans le piège de la jalousie qui attend la femme tôt ou tard, je me suis promis, dès mon plus jeune âge, de ne pas aimer, ou de « faire l'amour » selon la règle de conduite des rouées. Pendant ma liaison avec Valmont, j'ai compris que je n'étais pas tout à fait invulnérable. C'est pourquoi j'ai rompu avec lui lorsque nos rapports étaient à leur zénith. Je n'ai point de regrets. J'aimerais seulement savoir – mais personne ne pourra me le dire – si Valmont m'a haïe dans les derniers instants de son agonie. Peut-être supporterais-je mieux cette certitude (un seul mot eût suffi) que l'idée que je n'existais plus pour lui, que son cœur était plein d'une seule image, celle de l'Autre.

J'ai fait placer l'unique miroir de cette maison de telle sorte qu'il ne reflète mon corps qu'à partir des épaules. Je ne veux plus jamais revoir mon visage. Je dois à la maladie d'avoir « fait mon temps » bien avant que la Nature et par contrecoup le sexe fort m'aient contrainte au renoncement. Lorsque j'observe ma silhouette, je constate que je n'ai pas la moindre raison de perdre mon assurance. Je suis pleinement consciente de me trouver dans une situation éminemment singulière. La personne élancée, élégante, mais décapitée qui s'offre à ma vue, armée de tous les charmes auxquels la femme doit son pouvoir, ne compte plus. Tout ce que je suis, tout ce que je peux, se passe à l'intérieur de cette tête hideuse que j'ai bannie de ma vision.

Les femmes devraient s'exercer à adopter une conception stoïcienne, dure, supérieure des choses. Peut-être la femme, et elle seule, est-elle apte à devenir vraiment adulte, parce qu'il lui faut vivre plus longtemps entre le moment où elle a « fait son temps » et celui de sa mort. Sera-t-il jamais possible de créer des circonstances sociales et personnelles susceptibles d'accorder à la femme satisfaction et contentement *en dépit de l'homme*, je veux dire par là à côté – ou en dehors – du bonheur que lui réserve, sait-on jamais, son existence biologique ?

3. A la marquise de Merteuil

Votre liaison avec Valmont, Madame, est la plus importante et la plus dangereuse de toutes, et en même temps celle dont il est le moins question dans le roman de Laclos. Lors d'une soirée ou à l'Opéra, une personne de votre connaissance vous désigna le bourreau des cœurs tristement célèbre dont vous aviez déjà tant entendu parler et à qui – par suite de ce qui vous était revenu aux oreilles – vous aviez si souvent pensé. Votre informateur ou informatrice s'apitoyait, avec une joie maligne non dissimulée, sur le sort du Vicomte parce que la dame qu'il avait honorée de ses attentions au cours des semaines précédentes avait brusquement accordé ses faveurs à un autre. Il se trouvait que cet autre était le comte de Gercourt, l'homme qui, peu de temps auparavant, vous avait fait l'affront (impardonnable à vos yeux) de mettre, le premier, un terme à la liaison qui existait entre lui et vous. Jamais une telle aventure ne vous était arrivée (elle ne devait plus jamais se renouveler). Vous étiez furieuse : contre Gercourt d'abord parce que, sans même soupçonner l'ampleur de son faux pas, il vous avait damé le pion là où vous étiez le plus sensible ; mais surtout furieuse contre vous-même parce que, vous sentant si sûre de cette conquête (pour vous à tout point de vue une aventure banale), vous aviez relâché votre vigilance. En devenant la cause de la honte que vous éprouviez, Gercourt, une fois de plus à son insu, avait fait de vous sa plus implacable ennemie. Telle était la situation lorsque, à l'Opéra ou ailleurs, quelqu'un vous glissa dans l'oreille : « Voilà le vicomte de Valmont ! » Vous avez observé attentivement l'autre victime de cette double « rupture ». A vrai dire, vous ne compreniez pas comment la nouvelle maîtresse de Gercourt avait pu préférer ce dernier à Valmont. Le seul avantage de Gercourt sur Valmont était sa réputation d'administrateur compétent de ses terres et biens familiaux, ainsi que son comportement irréprochable dans ses aventures galantes. Gercourt était de ceux que l'on appréciait fort, même dans les cercles « prudes ». Vous aviez parfois cru deviner en lui une pointe de mépris à l'égard de l'amour en tant que tel ; homme du monde, il cédait à la mode des liaisons amoureuses, mais il ne prenait pas les femmes au sérieux et considérait le temps passé en leur compagnie comme un élément inévitable dans les rapports sociaux. Vous le saviez et précisément pour cette raison, avertie que vous étiez des exigences qu'il avait à l'égard d'une future épouse et mère de ses héritiers (vierge de corps et d'esprit, d'une obéissance absolue, ingénue et sans façon), vous avez pu plus tard développer ce « projet » de modeler sa candide fiancée de quinze ans de manière à lui apprendre tout ce qu'il attendait d'une maîtresse, mais qu'il considérait comme absolument inacceptable pour une comtesse de Gercourt.

Valmont possédait ce qui manquait largement à Gercourt : une certaine désinvolture, quelque chose de douteux comme chez un voleur de grand chemin (réminiscence du bandit Mandrin, peut-être ?!) qui restait généralement caché sous la surface d'un physique particulièrement soigné et de manières raffinées, mais qui parfois se manifestait soudain dans un regard, un trait de la bouche, un geste : dissonances dans l'image totale de son comportement qui déconcertaient, choquaient même, plus d'une personne. Ce phénomène, vous aussi l'avez remarqué lorsque vous l'observiez de loin (pendant cette fête ou dans ce théâtre). On vous avait dit que les femmes se sentaient souvent mal à l'aise en présence de Valmont, pleines d'une peur et d'une excitation secrètes, comme des biches qui s'agitent bien avant l'apparition du réel danger. Vous, en revanche, vous fûtes immédiatement captivée et mise au défi par cet élément qui le distinguait de tous les autres hommes de son entourage. Vous n'eûtes aucune peine à organiser une rencontre personnelle, de telle manière qu'elle semblât tout à fait fortuite, comme si vous n'étiez qu'indirectement concernée. Valmont, pour sa part, avait sans aucun doute beaucoup entendu parler de vous ; le fait qu'il n'avait jamais tenté d'entrer en contact avec vous pouvait être considéré comme la preuve la plus fiable que l'on estimait votre vertu inébranlable. Les premiers regards échangés furent décisifs. Il vit dans vos yeux que vous affrontiez, hardie et consentante, ce qu'il y avait en lui d'équivoque, vous avez lu dans son regard la surprise et les signes d'une reconnaissance, ainsi que l'aiguillon de l'instinct agonal. Comme j'aimerais recevoir de vous des précisions sur la manière dont est née votre liaison. Je sais hélas l'inanité d'un tel souhait et ne peux que deviner. Je pense que ni vous ni Valmont n'avez perdu de temps à vous faire la cour ; pas même sous sa forme rudimentaire, en usage dans les milieux frivoles, comme prélude au premier rendez-vous. Pour ne pas exposer votre réputation, vous ne pouviez l'inviter à vous rendre visite lors des réceptions du matin réservées aux intimes autour de votre coiffeuse, non plus qu'à chevaucher à côté de votre carrosse, lorsque vous vous promeniez le long du Cours-la-Reine. Vos exigences (fort inhabituelles pour Valmont) en matière de discrétion furent sévères, mais les compensations que vous lui avez accordées dépassèrent de loin ses espérances. Dans un quartier extérieur de Paris, vous possédiez un appartement ou un pavillon. Accompagnée seulement de votre indispensable femme de chambre-sœur de lait, Victoire, vous y accueilliez vos amants. Je me représente cette « petite maison », comme vous l'appelez : cachée parmi des bocages, derrière le très haut mur entourant le jardin, une antichambre, une chambre à coucher et un boudoir, ainsi qu'un souterrain où Victoire veillait à vos intérêts et attendait vos ordres. Dans la dixième lettre des *Liaisons dangereuses*, vous décrivez (à Valmont, qui vient tout juste d'entreprendre la conquête d'une autre femme, « l'Autre ») comment vous avez accueilli votre favori du moment dans ces pièces où Valmont était sans doute venu plus souvent que quiconque. La manière dont vous faites miroiter à ses yeux (en vous appliquant, j'imagine, à égarer une fois de plus tous ses sens) comment vous vous êtes préparée à la nuit d'amour est une leçon dans l'art de séduire. Vous avez revêtu un déshabillé de votre création dont vous dites qu'il « ne laisse rien voir et pourtant fait tout deviner ». Vous avez d'abord lu un chapitre du *Sofa* de Crébillon, puis une lettre d'amour d'Héloïse à Abélard et enfin deux contes de La Fontaine, « pour recorder les différents tons que [vous] voul[iez] prendre ». Lorsque Victoire introduisit votre amant (que vous aviez mis à rude épreuve plus tôt dans la journée par votre humeur capricieuse et votre attitude de refus imméritées), il franchit tous les stades allant de la surprise à l'enchantement.

> « Pour lui donner le temps de se remettre, nous nous promenons un moment dans le bosquet ; puis je le ramène vers la maison. Il voit d'abord deux couverts mis ; ensuite un lit fait. Nous passons jusqu'au boudoir, qui était dans toute sa parure. Là, moitié réflexion, moitié sentiment, je passai mes bras autour de lui, et me laissai tomber à ses genoux : "Ô, mon ami ! lui dis-je, pour vouloir te ménager la surprise de ce moment, je me reproche de t'avoir affligé par l'apparence de l'humeur ; d'avoir pu un instant voiler mon cœur à tes regards. Pardonne-moi mes torts : je veux les expier à force d'amour." Vous jugez de l'effet de ce discours sentimental. L'heureux chevalier me releva, et mon pardon fut scellé sur cette même ottomane où vous et moi scellâmes si gaiement et de la même manière notre éternelle rupture.
> Comme nous avions six heures à passer ensemble, et que j'avais résolu que tout ce temps fût pour lui également délicieux, je modérai ses transports, et l'aimable coquetterie vint remplacer la tendresse. Je ne crois pas avoir jamais mis tant de soin à plaire, ni avoir jamais été aussi contente de moi. Après le souper, tour à tour enfant et raisonnable, folâtre et sensible, quelquefois même libertine, je me plaisais à le considérer comme un sultan au milieu de son sérail,

dont j'étais tour à tour les favorites différentes. En effet, ses hommages réitérés, quoique toujours reçus par la même femme, le furent toujours par une maîtresse nouvelle. »

Ce rendez-vous, Madame, était un simple jeu, une question de technique, de pure volupté. Le compte rendu que vous en fîtes à Valmont et la réaction qu'il suscita en lui montrent assez au lecteur de quelle qualité érotique durent être les heures que vous et lui aviez passées dans votre « petite maison ». Valmont répond (quinzième lettre des *Liaisons dangereuses*) :

> « En lisant votre lettre et le détail de votre charmante journée, j'ai été tenté vingt fois de prétexter une affaire, de voler à vos pieds, et de vous y demander, en ma faveur, une infidélité à votre chevalier, qui, après tout, ne mérite pas son bonheur. Savez-vous que vous m'avez rendu jaloux de lui ? Que me parlez-vous d'éternelle rupture ? J'abjure ce serment, prononcé dans le délire : nous n'aurions pas été dignes de le faire, si nous eussions dû le garder. Laissez-moi l'espoir de retrouver ces moments où nous savions fixer le bonheur sans l'enchaîner par le secours des illusions, où après avoir détaché le bandeau de l'amour, nous le forcions à éclairer de son flambeau des plaisirs dont il était jaloux. »

Il est bon, Madame, de songer que ces paroles ont coulé de la plume de Valmont lors même que, selon ses dires, il était en train de devenir passionnément amoureux d'une autre femme.

Je vous imagine maintenant dans votre chambre du manoir Valmont, absolument seule. Vous avez prié votre valet de tisonner le feu et votre femme de chambre (une petite paysanne du nom de Keetje ou

Mietje, que sais-je – correcte, sérieuse, venue du village voisin, Loosduinen) de tirer les rideaux devant les fenêtres parce que le crépuscule enténèbre déjà le parc et les taillis de chêne entourant la maison. Vos cheveux ne sont plus aussi longs et fournis qu'autrefois et laissent paraître ici et là des mèches grises, et vous les avez cachés sous un bonnet de batiste, vous portez un peignoir ample par-dessus votre chemise et votre jupon ; une seule concession à la vanité : vos mules rouges à talons hauts et le ruban de velours noué autour de votre cou. Les tentures qui, la nuit, doivent vous protéger des courants d'air sont encore retenues par des embrasses, votre lit est prêt, pareil à une grotte douillette pleine de coussins. Vous ne voulez, vous ne pouvez vous décider à entamer une nouvelle nuit solitaire. Comment passer cette soirée ? Que faire ? Croiser les bras sur votre poitrine et planter vos ongles dans la chair de vos épaules jusqu'à vous faire mal. Aller et venir entre votre lit et les fenêtres maintenant masquées. Peut-être tout ce damas et cette indienne à fleurs vous oppressent-ils tant que vous écartez vous-même à nouveau les rideaux : mais la nuit est venue, les cimes des arbres se dessinent comme de minces lignes sur le ciel où le croissant de lune apparaît par moments derrière les nuages qui se déroulent en écharpes. Vous pouvez aussi, naturellement, vous asseoir à votre secrétaire éclairé par les longues bougies de deux chandeliers à quatre branches. Si vous en aviez le désir, vous pourriez décrire les images qui vous hantent en de tels instants : Valmont et vous dans l'intimité, mille et un souvenirs devenus maintenant intolérables. Mais je l'ai déjà dit, Madame, je comprends et respecte votre réserve, qui ne repose pas sur une crainte pudibonde d'appeler les choses par leur nom, mais sur votre conviction (qui est aussi la mienne) que l'essence de la jouissance la plus intense peut seulement être ressentie à partir d'associations reposant sur les expériences individuelles, strictement personnelles de chacun, qu'aucune *description* détaillée ne pourra rendre. Les images qui surgissent en vous, là, dans votre chambre, vous feraient moins mal si vous ne saviez pas (comme vous l'avez formulé dans la cent trente et unième lettre du roman de Laclos) que « le plaisir, qui est bien en effet l'unique mobile de la réunion des deux sexes, ne suffit pourtant pas pour former une liaison entre eux ? et que, s'il est précédé du désir qui rapproche, il n'est pas moins suivi du dégoût qui repousse ? C'est une loi de la nature, que l'amour seul peut changer ». – Un peu plus loin vous écrivez : « Dans le temps où nous nous aimions, car je crois que c'était de l'amour, j'étais heureuse ; et vous, Vicomte ?... » A cette question, Valmont n'a jamais répondu directement. Mais quoi que vous en ayez, quelque chose dans votre ton, une émotion perceptible malgré vous entre les lignes, a dû le frapper car il écrit à son tour : « Ne combattez donc plus l'idée, ou plutôt le sentiment qui vous ramène à moi. » Le mot « sentiment » est éloquent ; dans la correspondance échangée antérieurement entre Valmont et vous, il est rarement employé autrement que dans un sens ironique. Il me semble que, s'il avait pu déceler en vous ne fût-ce qu'une parcelle de la sensibilité qui le charma si soudainement dans votre rivale, aucune autre liaison, dans cette phase décisive de son existence, ne lui eût paru préférable à celle qui l'attachait à vous. Vous le savez vous-même,

Madame, et c'est là, je crois, la cause de vos remords. Car enfin, qu'avez-vous fait ? Piquée au vif par le besoin qu'éprouvait visiblement Valmont de vous posséder l'une aussi bien que l'autre (comme si vous eussiez jamais pu vous satisfaire d'un rôle complémentaire !), vous lui avez signifié clairement que vous ne partagiez pas ses « désirs insensés », vous lui avez reproché de trahir ainsi ses principes – et les vôtres (posséder, rompre puis éventuellement posséder *à nouveau* et rompre *à nouveau*) –, vous déclarant incapable de le prendre au sérieux tant qu'il n'aurait pas appliqué ce précepte à sa nouvelle conquête. Vous lui avez fait savoir sans ambages que vous ne pouviez éprouver le moindre intérêt amoureux pour un homme désireux de devenir l'amant de cette autre. Ce faisant, vous en appeliez à *votre* Valmont à vous, avec « son orgueil infernal, son amour-propre qui ne recule devant rien, sa vanité, sa dureté de cœur, ses désirs raffinés et sa cruauté encore plus raffinée » (selon une description lue un jour). Vous avez insufflé une vie nouvelle à la part souterraine du caractère de Valmont qui, justement sous l'effet de son engouement pour cette autre femme, avait été reléguée à l'arrière-plan. Il se sentait encore si étranger dans le rôle d'un sentimental qu'il n'a pas pris conscience des dangers contenus dans votre défi. A ce moment-là, vous étiez pour lui l'arbitre d'un monde dans lequel il ne voulait à aucun prix perdre son prestige. Oh bien sûr, Madame, vous avez reconquis Valmont, mais uniquement en ce sens qu'il fit ce que vous exigiez : il a humilié et abandonné « l'Autre », conformément aux règles de ce jeu cruel ; mais votre triomphe fut de courte durée. En aucune façon, pas même en tant qu'alliés dans l'art d'ourdir des intrigues, Valmont et vous ne formeriez désormais un couple. Il ne restait entre vous que l'envers d'un amour, une force dévastatrice qui, par sa vertu centrifuge, vous rejetait à jamais loin l'un de l'autre. Vous ne vous êtes jamais revus.

4. La marquise de Merteuil

Voici à quoi j'en suis réduite : pour chasser l'ennui, tuer le temps, je me réfugie dans la lecture, ce qui fatigue considérablement le seul œil qui me reste. J'utilise parfois une loupe. Je refuse, pour l'instant du moins, de me faire faire la lecture. Il ne me plaît pas que la voix, l'intonation d'un autre détermine l'image que j'ai d'un texte.

Jadis je lisais avant tout pour apprendre ; je peux me vanter d'avoir depuis mon enfance une excellente mémoire et le don de reconnaître sur-le-champ l'essentiel d'un passage ou d'une argumentation. Plus tard, lorsque d'autres affaires sensiblement moins abstraites accaparèrent toute mon attention, je lus simplement pour me donner une contenance (certaines situations exigent tout bonnement que l'on ait un livre à la main) ou pour aiguiser mes sens (fonction du mot écrit que je n'ai jamais sous-estimée). Je ne lisais jamais deux fois le même livre. Je créais de plus en plus mes propres romans, drames, nouvelles et essais dans la fréquentation d'amis, d'ennemis et d'amants. Aucune œuvre de fiction ne pouvait alors m'apporter ce qui me passionne le plus : l'effet soigneusement calculé ou brillamment improvisé, bref, la transformation de la réalité. Maintenant que ma vie n'offre plus d'autres possibilités de changements que le processus irrévocable du vieillissement et que je me suis de surcroît retirée dans la solitude du manoir Valmont, j'ai décidé de m'occuper de créatures fictives et des relations qu'elles entretiennent, en d'autres termes, de littérature. Non pas les livres qui se lisent dans les boudoirs et que j'ai toujours considérés comme le comble de la mièvrerie et de l'hypocrisie dévote, mais les écrits à propos desquels j'ai entendu de savants esprits déclarer que, par la vision ou la puissance de l'imagination, ils avaient changé le visage de notre époque ou jeté une lumière nouvelle sur les êtres et leurs actes. Je ne porte aucun intérêt aux descriptions de prouesses, d'actes héroïques ou d'aventures de personnages du sexe fort, qu'ils soient mythologiques, historiques ou purement inventés. Pour moi donc, rien qui se rapporte à Jupiter, Prométhée, Alexandre, Énée, César, Titus, Tristan, Arthur, Roland, Lancelot, pas même au Chevalier à la Triste Figure ; rien sur Don Juan, Barbe-Bleue, le Roi-Soleil, le Grand Turc, Arlequin ou Scapin. Toute jeune encore, je ne pouvais déjà plus montrer qu'une patience de pure bienséance (n'est-on pas censé connaître ses classiques ?) ou au mieux accorder un instant d'attention amusée à la représentation surfaite des tribulations, aspirations, vertus et vices masculins. Je n'en éprouve plus aujourd'hui que du dégoût parce que c'est dans de telles peintures que les seigneurs de la création trouvent de quoi nourrir leur orgueil et le sens de leur supériorité et aussi (ce qui est plus grave) parce que la vie intérieure de la femme est déformée par les normes de comportement contenues dans ces récits folkloriques et ces fables. En effet, une jeune fille avide de s'instruire, qui n'a ni l'humilité ni l'abnégation nécessaires pour consacrer toute sa vie exclusivement aux tâches obligées de procréation et de représentation, qui est trop intelligente et curieuse pour se satisfaire des lauriers qu'une femme peut récolter dans les loges de l'Opéra et dans les salons, puise ses modèles de courage et de savoir-faire précisément dans les chefs-d'œuvre de la littérature et les annales de l'Histoire. C'est pourquoi mon besoin inné de chercher, de savoir, m'a poussée à étudier l'image que les grands poètes et chroniqueurs d'hier et d'aujourd'hui ont donnée de femmes courageuses, sûres d'elles, indépendantes, intelligentes, énergiques et pourtant profondément *féminines*. J'avoue que la plupart des figures de femme rencontrées au cours de mes lectures de jeunesse étaient soit des aristocrates vertueuses (de cette espèce dont je souhaite plus que jamais effacer le souvenir), soit des êtres sans autres mérites que la grâce et une beauté stéréotypée. Ce mélange d'attraits physiques et d'insignifiance mentale rendait visiblement ces petites créatures parfaitement aptes à incarner les rêves et les désirs de héros, ce qui m'a souvent étonnée.

Dans ma jeunesse, chez mes parents, je n'ai pas réussi, malgré les efforts du brave abbé qui devait m'enseigner les rudiments du latin et du grec, à acquérir la maîtrise de ces langues mortes au point de pouvoir lire ce qui me plaisait. Je dus donc me contenter des ouvrages en version originale que l'abbé choisissait pour moi : quelques chants de l'*Énéide* de Virgile, une douzaine de chapitres d'Épictète, deux ou trois odes d'Horace, des fragments des œuvres épiques d'Homère et diverses épigrammes. Après mon mariage avec le marquis de Merteuil, je me retrouvai dans des circonstances peu favorables à la poursuite de mes études. Mais je pouvais du moins émailler la correspondance et la conversation de quelques citations ; certains vers prononcés à mi-voix comme pour moi-même agrémentèrent l'ambiance de plus d'une heure du berger, surtout quand le Daphnis ou l'Endymion du moment n'en comprenait pas un mot. Lorsque je fus confrontée à la nécessité d'entamer une vie totalement nouvelle en terre étrangère où, absolument seule, j'en serais réduite à compter uniquement sur mon inventivité pour me distraire ou m'occuper, j'ai non seulement repris en main les manuels de latin et de grec, mais je me suis aussi procuré toutes les traductions disponibles des auteurs classiques. En outre, dans ce pays qui semble fourmiller de réfugiés d'autres parties de l'Europe, je pus m'assurer l'assistance d'excellents professeurs d'anglais et d'allemand. Je voulais acquérir la connaissance de ces langues dans lesquelles sont écrites ou traduites certaines œuvres dont je ne pourrais me passer pour ma recherche. Séparée des maîtres par la largeur d'une table, ayant masqué la lumière de telle sorte qu'elle ne tombe pas sur moi mais seulement sur les livres et les feuilles de papier, moi-même protégée par un mince loup de soie que j'avais fait faire à Venise et qui couvrait mon visage de la racine des cheveux aux lèvres, je pus passer des heures consécutives en leur compagnie, sans être contrariée par la conscience d'être littéralement laide à faire peur. J'ai perdu bien des choses, certes, mais j'ai toujours le même esprit vif et ma mémoire est restée intacte. Mes maîtres rivalisèrent de compliments sur mes progrès. De nouveau – mais d'une manière combien différente ! – je goûtai le plaisir de maîtriser parfaitement la situation, de pouvoir en imposer, émouvoir et semer le trouble à mon gré (même s'il s'agissait maintenant d'hommes à qui naguère je n'aurais pas prêté plus d'attention qu'à mes meubles). N'eussé-je pas généreusement rémunéré leurs services qu'ils auraient encore été très honorés de pouvoir me communiquer leur savoir. Outre la manière flatteuse et stimulante pour eux dont j'assimilais leurs leçons, j'avais encore un autre atout, l'effet de ma voix qui avait fait ses preuves et dont j'ai toujours pu me servir comme d'un instrument docile. En colorant ma prononciation, déjà piquante pour une oreille anglaise ou allemande, grâce à certaines inflexions et de subtiles nuances allant du murmure à la voix chantante, je réussis à compenser la mimique et les jeux de regards qui me faisaient maintenant défaut. J'avais suffisamment de preuves que le côté étrange, mystérieux, de ma personne et des circonstances dans lesquelles j'étais placée ne me rendait que plus attrayante aux yeux de mes deux maîtres qui n'étaient encore nullement des vieillards. Il va de soi que je ne songeai pas un instant aux possibilités d'exploiter cette situation. J'ai fait définitivement une croix sur certaines choses de la vie. Les leçons et les exercices qui les accompagnaient occupèrent tout mon temps pendant deux ans. Après quoi, les estimables messieurs n'eurent plus rien à m'apprendre.

Je n'eus aucune peine à rester cloîtrée dans ma maison, ou en tout cas entre les grilles de « Valmont ». Le climat hollandais contribue sous tous les rapports à vous réconcilier avec les plaisirs de la vie chez soi. Je peux compter sur les doigts de mes deux mains les jours d'été assez chauds pour permettre que l'on passe de longues heures en plein air. Je peux tout aussi bien, sinon mieux, admirer les charmes de mon parc depuis mes fenêtres. Je l'ai fait agrandir à la française pour pouvoir jouir davantage de la vue. Les gens d'ici ont une vraie passion pour les fleurs. Si je ne le lui avais pas formellement interdit, mon jardinier m'aurait régalée d'avril à octobre de parterres remplis de fleurs de toutes sortes et de couleurs sans cesse différentes. Il n'aime guère mon goût français pour les haies taillées et les gazons unis, symétriques, sur un fond d'arbres aux lignes régulières, aussi hauts que possible. Il trouve cela trop sévère, pas assez « gezellig » (car les Hollandais ont un mot intraduisible pour rendre cette sensation de bien-être petit-bourgeois auquel ils aspirent pardessus tout). Mais il est bien obligé de m'obéir. Je souhaite un décor reposant, rationnel, non pas la luxuriance ni la diversité d'une Nature capricieuse. Au contraire : je veux dompter la nature qui détermine mon horizon et lui faire donner la forme de mon choix ; en aucun cas, je ne souhaite être agressée par des odeurs et des couleurs. L'engouement si populaire aujourd'hui pour la Nature n'a rien qui me séduise. Ce manque d'affinité de ma part avec le nouveau courant explique sans doute la déception que j'ai éprouvée en lisant les œuvres de quelques auteurs anglais et allemands de la littérature contemporaine qui m'avaient été recommandées comme étant sensationnelles. Les personnages féminins y étaient dépeints, prétendait-on, sous un angle totalement nouveau. Une sensibilité raffinée, une vie intérieure aux nuances et aux profondeurs jamais exprimées jusque-là allaient libérer l'esprit humain du carcan de l'hypocrisie. Respect et compréhension de l'être féminin devaient montrer la voie vers une société meilleure !

Songeant à ma propre ambition de faire un usage aussi complet, aussi accompli que possible de tous mes sens et de tous mes goûts, je m'attendais à y trouver la description d'âmes sœurs. Les mœurs de mon milieu ne m'ont jamais permis d'être ouvertement qui je suis ; aussi espérais-je que ces êtres nés d'une imagination poétique montreraient au monde comment une femme peut, en pleine liberté, jouer sur le clavier de toutes ses possibilités. Hélas ! à mon grand déplaisir, la lecture de ces pages ne cessa de me rappeler irrésistiblement les nobles états d'âme, étalés à l'époque avec tant de détails par Valmont, d'une certaine dévote innocente que je considère comme responsable de mon malheur. Je me refuse même à *écrire* son nom.

5. A la marquise de Merteuil

Madame, vous vous refusez toujours à prononcer, à écrire *son* nom ; aussi vais-je devoir le faire pour vous. Car comment peut-on « échanger des idées » en laissant dans l'ombre ce personnage clé ? N'est-elle pas constamment présente quoique invisible ? Elle vous obsède et moi aussi par contrecoup. Au fond, on ne hait que ceux que l'on trouve importants. Vos sentiments à l'égard de la jeune femme pour qui Valmont éprouva une passion si fatale sont des plus complexes. Jamais vous n'auriez pu imaginer qu'une autre femme pût si radicalement blesser votre amour-propre et perturber la conscience que vous aviez de votre puissance. Lorsque vous fûtes contrainte de lui accorder votre attention (parce qu'elle retenait celle de Valmont !) vous traversiez justement une période de tiédeur entre deux liaisons ; ni la rupture avec l'amant à évincer, ni la perspective de séduire un futur soupirant n'offrait suffisamment d'activités à votre raison et à vos sens. Vous vous ennuyiez ; c'était l'été, il faisait chaud à Paris. La plupart de vos connaissances s'étaient retirées dans leurs domaines campagnards ou s'étaient rendues aux eaux, comme l'on disait, pour s'y refaire une santé.

N'aimant pas la vie des champs, vous aviez choisi de rester en ville.

Je vous vois, dans ces instants décisifs pour l'intrigue des *Liaisons dangereuses*, assise à votre secrétaire (l'un de ces élégants bonheurs-du-jour incrustés d'ivoire et de bois d'ébène). Vous aviez devant vous une lettre vous informant des fiançailles du comte de Gercourt avec une toute jeune fille de vos relations. Cette nouvelle déclencha un flot de pensées et d'associations. Elle raviva et accrut votre colère à l'égard de Gercourt. Tandis que vous vous demandiez avec irritation ce qui, au nom du ciel, retenait si longtemps Valmont, le seul homme avec qui vous pussiez aborder de tels sujets, au château d'une vieille tante, dans cette campagne dont il vous avait lui-même dit un jour qu'elle était « ennuyeuse comme le sentiment et triste comme la fidélité », une fébrilité et une inquiétude inhabituelle s'emparaient de vous. On a qualifié pour le moins de singulier que des années plus tard vous eussiez encore pu consacrer tant d'énergie à vous venger d'un homme qui ne signifiait rien pour vous. Je crois que votre colère à l'égard de Gercourt à ce moment-là déteignit sur votre attitude envers Valmont ; au fond, ce qui vous contrariait c'était que Valmont fût absent et ne fût plus votre amant. Le faire-part de mariage, posé là sur votre secrétaire, vous fournissait l'occasion (peut-être secrètement attendue depuis longtemps) de pousser Valmont à concevoir un projet auquel vous travailleriez ensemble. Vous avez lancé à Valmont la proposition de séduire et de « corrompre » la fiancée de Gercourt, Cécile Volanges, comme on jette un gant aux pieds de celui que l'on veut provoquer en duel. Toutefois, Valmont ne se déclara pas sur-le-champ disposé à se charger de cette œuvre pie ; il avait dans l'esprit une autre conquête. Vous savez vous-même, Madame, que, en dépit des allusions galantes vaguement tintées de nostalgie de sa part et de l'inclination toujours vivante que vous aviez pour lui, vous n'auriez jamais pu retrouver l'harmonie ; une répétition de l'ancien modèle était devenue impossible pour l'un et l'autre et une nouvelle liaison plus durable et plus profonde n'aurait été possible que si vous et lui aviez pu vous arracher au cycle des apparences, de la vie considérée comme une compétition en vue d'obtenir la palme de la rouerie et de la recherche de l'effet, un acharnement à découvrir et atteindre le talon d'Achille de tous ceux à qui l'on a affaire. Au moment où il était mûr mentalement pour nouer avec une femme une relation différente de celle à laquelle il était habitué, Valmont avait rencontré « l'Autre » : Madame de Tourvel, dont l'époux était un haut magistrat anobli, président d'une cour de justice. Il appartenait donc à ce que l'on appelait l'aristocratie des gens de robe, que les membres de la séculaire noblesse d'épée, comme la vôtre, ne prenaient pas vraiment au sérieux. Un important procès avait contraint le président de Tourvel à se rendre à Dijon pour quelques mois. La Présidente – c'est ainsi qu'elle est presque toujours désignée dans *Les Liaisons dangereuses* – avait vingt-deux ans et menait à Paris une vie retirée. Pendant la longue absence de son mari, il lui faudrait se tenir plus encore à l'écart du monde qu'elle ne le faisait déjà par choix, parce que la bienséance l'exigeait dans son milieu. Aussi accepta-t-elle volontiers une invitation à venir passer les mois d'été au château d'une dame âgée qu'elle avait rencontrée dans le cadre d'œuvres de bienfaisance ; cette personne se trouvait être la tante à héritage de Valmont. Madame de Tourvel appréciait la dignité sereine de son hôtesse, le repos champêtre, la beauté de la nature, les promenades, bref, tout ce que vous-même abhorriez.

Dans le roman de Laclos, la Présidente est fréquemment décrite comme une personne douce, simple, à l'esprit subtil. C'était un être sensible, incapable de feindre ou de « jouer » avec les sentiments d'autrui, incapable aussi de faire la coquette. Elle avait une haute idée de l'amour et, malgré toutes les sages leçons et les avertissements, à elle prodigués par des amies plus mondaines, elle avait une confiance aveugle en la bonté de l'être humain. Elle avait le sentiment aigu d'avoir une conscience et éprouvait le vif besoin de se consacrer à quelque chose ou à quelqu'un. Il lui était simplement impossible de penser par avance du mal d'autrui. On a parfois dit, Madame, qu'elle représentait la pureté, la transparence, par opposition à *votre* attitude, qui n'est que masque. Valmont fut charmé par sa fraîcheur et sa grâce naturelle, lorsqu'il la vit paraître sans afféterie, presque enfantine dans les vêtements simples, légers, de cet été à la campagne. On pourrait se représenter madame de Tourvel comme l'un des personnages féminins des tableaux de Botticelli : svelte, fragile, avec de grands yeux tristes. A Valmont, elle se disait sérieuse, même d'un naturel mélancolique. A l'égard de son mari beaucoup plus âgé, important (très pris par ses activités professionnelles qui nécessitaient souvent de longues absences), elle éprouvait une affection respectueuse ; elle trouvait tout à fait normal de lui rester fidèle la vie durant ; elle espérait et comptait bien pouvoir lui donner des enfants. Elle ignorait ce qu'était la passion, mais n'était pas frigide ; qui lit ses lettres à Valmont et les observations dont Valmont vous faisait part à son propos dans les lettres qu'il vous adressait comprend immédiatement qu'elle n'avait jamais été amoureuse et qu'elle l'était de lui pour la première fois, que lui seul avait su éveiller ses sens. Elle avait entendu beaucoup de propos malveillants à son sujet ; mais dès l'instant où elle l'avait rencontré elle l'avait trouvé plus sympathique que n'eût pu le laisser supposer sa réputation et était même convaincue qu'il était mésestimé. Du reste, il faut dire que Valmont ne ménageait pas ses efforts pour faire bonne impression sur elle. Tandis qu'elle luttait contre la tentation, la fermeté de sa résistance ne la rendait que plus désirable aux yeux de Valmont. Mais, lorsqu'elle finit par se donner à lui corps et âme, c'était en toute bonne foi, dans la pleine conscience de commettre une faute grave envers son mari, selon les doctrines de sa foi et le code de son milieu. Elle était heureuse comme elle ne l'avait jamais été, avec et par Valmont, et en même temps plus malheureuse qu'une personne ne peut l'être pour qui l'honneur et le devoir ne sont pas des mots vides de sens ; situation conflictuelle, Madame, qui vous paraîtra sûrement trouble et contre laquelle s'élève votre esprit rationnel. La déclaration de la Présidente, que vous communiqua Valmont par lettre, selon laquelle elle ne supportait cette situation équivoque, ces conflits intérieurs, sources de ses tourments, que parce que sa capitulation totale semblait rendre Valmont heureux, différent, « meilleur », vous aura paru aussi ridicule que pitoyable. Pauvre, sincère, magnanime madame de Tourvel !

Vous la connaissiez, ou plutôt vous saviez qui elle était ; vous l'aviez vue parfois et vous vous étiez étonnée de la naïveté et du manque bourgeois de coquetterie et d'ambitions mondaines de cette jeune femme, pourtant si attrayante, venue des cercles « prudes ». Elle était à tous égards le contraire de ces « personnes à prétentions », comme vous les appelez, les beautés élégantes, fêtées, parmi lesquelles Valmont choisissait toujours ses amies, et dont vous fûtes des années durant la reine incontestée. Jamais il ne vous serait venu à l'esprit que Valmont pût vraiment s'intéresser à une *dévote* comme madame de Tourvel ; en une certaine occasion, vous et lui vous étiez follement – parce que méchamment – amusés à ses dépens. Mais voilà que soudain ce mélange de grâce et d'austère retenue excitait tant les ardeurs érotiques de Valmont qu'il avait préféré se promener et jouer aux cartes le soir avec elle et sa propre vieille tante plutôt que de retourner à Paris, d'aller vous retrouver, vous et Cécile Volanges, la jouvencelle que vous lui aviez promise. Il prétendait, il est vrai, qu'il lui suffisait de prolonger deux ou trois jours son séjour au château pour conquérir la vertueuse présidente, reconnue « difficile » : « J'ai bien besoin d'avoir cette femme, pour me sauver du ridicule d'en être amoureux : car où ne mène pas un désir contrarié ? » Votre réponse, pleine de sarcasme et de défi, prouve que vous étiez déjà consciente du danger. Valmont étant visiblement si impressionné, vous n'étiez plus capable de reconnaître le moindre mérite au charme pudique de madame de Tourvel : « Qu'est-ce donc que cette femme ? Des traits réguliers si vous voulez, mais nulle expression : passablement faite, mais sans grâces : toujours mise à faire rire ! avec ses paquets de fichus sur la gorge et son corps[1] qui remonte au menton ! » Vous rappelez à Valmont la fameuse fois où vous vous étiez gaussés d'elle : comment, à l'église, elle collectait de l'argent pour les pauvres, manœuvrant maladroitement entre les fidèles agenouillés, dans sa robe à paniers de quatre aunes de diamètre, rougissant timidement à chaque révérence qu'elle devait faire pour remercier de l'obole. Vous bravez alors Valmont dans un esprit calculateur et réussissez ainsi à gagner à votre projet regardant Cécile Volanges le Vicomte, que son désir frustré avait rendu de plus en plus agité. Vous n'avez pas oublié, Madame, comment, en manipulant adroitement vos relations et les situations, vous avez obtenu que la jeune Cécile et sa mère viennent loger au château où séjournaient Valmont et la Présidente. Mais après qu'il se fut acquitté dans les plus brefs délais et aussi radicalement que possible de sa mission, vous avez constaté qu'alors seulement son instinct de chasseur était éveillé pour tout de bon à l'égard de madame de Tourvel. En vain avez-vous tenté ensuite de mille manières de tempérer cet intérêt croissant en maniant l'ironie, le défi, la critique et en l'informant de vos liaisons avec d'autres. Certes vous avez obtenu qu'après avoir lu vos lettres la perspective de nouvelles jouissances avec vous lui ait semblé aussi séduisante qu'autrefois, mais cela ne changea rien au désir passionné que lui inspirait la Présidente. En tant que

1. Son corset.

femme du monde, vous auriez dû savoir que vous provoquiez le contraire de ce que vous vouliez atteindre. Mais vous aviez perdu la tête. Votre parfaite maîtrise avait fait long feu, même si vous réussissiez encore à le cacher. Vous n'étiez plus, si je puis me permettre l'expression, le « stratège », celle qui dominait magistralement le tissu d'intrigues, mais une femme blessée qui voyait lui échapper la seule chose qui comptât véritablement à ses yeux : le respect absolu, la préférence incontestée de Valmont, qui remplaçait pour vous l'amour puisque vous ne souhaitiez pas y croire. Qu'il plaçât la Présidente au-dessus de vous, qu'il vous considérât (ainsi qu'il osa le suggérer) comme une femme facile comparée à elle, vous mit hors de vous. « *Hell hath no fury like a woman scorned* », écrivait un peu avant votre temps un dramaturge anglais, Congreve, dont vous avez peut-être connu les pièces satiriques. Vous pouviez puiser suffisamment de renseignements dans les lettres d'un Valmont maintenant vraiment amoureux pour comprendre, si vous étiez honnête avec vous-même, que vous auriez dû trouver madame de Tourvel charmante et estimable. Pour parler franc, elle était la jeune femme que vous eussiez voulu être, que vous fussiez peut-être devenue en d'autres circonstances. Son comportement faisait parfois brièvement apparaître un Valmont qui ne s'était jamais révélé à vous. Vous avez commencé à haïr la Présidente (la première impulsion totalement irrationnelle qui eût jamais prise sur vous) parce qu'elle vous avait dépouillée de quelque chose que vous n'aviez jamais possédé : un Valmont sans calculs, sans rouerie, un Valmont sincèrement passionné, sincèrement tendre, qui avait visiblement sommeillé au tréfonds du Valmont que vous connaissiez. Vos sens étaient si aiguisés que vous pouviez deviner cet autre Valmont – le Valmont de la Présidente – à travers ses lettres, bien qu'il continuât par habitude à se poser en séducteur cynique. Vous avez compris que ses témoignages d'intérêt à votre égard étaient d'un autre ordre : ils relevaient en premier lieu des sens, tout comme un sportif qui puise son plaisir dans le duel et la lutte, dans l'affrontement à un adversaire de force égale. Il attachait du prix à votre opinion. Qui plus est, il la redoutait. Vous et lui rivalisiez de rouerie, mais sa rivale était une femme belle et séduisante. Madame de Tourvel incarnait en revanche – encore que Valmont se fût bien gardé de vous l'avouer – le meilleur de lui-même, le sentiment naturel, pur, qui le troublait, la jeunesse qu'il sentait lui échapper, l'avenir. Vous lisiez entre les lignes de ses messages combien il aspirait en quelque sorte à se renouveler – raison pour laquelle vous le forciez à choisir pour ou contre l'autre Valmont qui était en lui. Il est indéniable que cela fut pour lui la source d'un conflit, dont il s'est cependant à peine rendu compte. Dans la dernière période de ses rapports avec madame de Tourvel, il n'est pas une seule de ses lettres qui ne contienne une allusion aux « faveurs » qu'il espère recevoir de vous en manière de récompense. S'il n'avait *pas* été plongé dans le plus grand désordre intérieur, comment aurait-il pu, pour rompre avec la Présidente, envoyer l'infâme lettre d'adieu dont vous lui aviez fourni le modèle ?

> « On s'ennuie de tout, mon Ange, c'est une Loi de la Nature ; ce n'est pas ma faute.
> Si donc je m'ennuie aujourd'hui d'une aventure qui

m'a occupé entièrement depuis quatre mortels mois, ce n'est pas ma faute.
Si, par exemple, j'ai eu juste autant d'amour que toi de vertu, et c'est sûrement beaucoup dire, il n'est pas étonnant que l'un ait fini en même temps que l'autre. Ce n'est pas ma faute.
Il suit de là, que depuis quelque temps je t'ai trompée : mais aussi, ton impitoyable tendresse m'y forçait en quelque sorte ! Ce n'est pas ma faute.
Aujourd'hui, une femme que j'aime éperdument exige que je te sacrifie. Ce n'est pas ma faute.
Je sens bien que voilà une belle occasion de crier au parjure : mais si la Nature n'a accordé aux hommes que la constance, tandis qu'elle donnait aux femmes l'obstination, ce n'est pas ma faute.
Crois-moi, choisis un autre Amant, comme j'ai fait une autre Maîtresse. Ce conseil est bon, très bon ; si tu le trouves mauvais, ce n'est pas ma faute.
Adieu, mon Ange, je t'ai prise avec plaisir, je te quitte sans regret : je te reviendrai peut-être. Ainsi va le monde. Ce n'est pas ma faute. »

Lorsque madame de Tourvel eut lu cette lettre, son cœur « se flétrit » comme elle l'exprima elle-même. C'est surtout le parti pris d'étaler l'aridité du cœur, le rejet de la sensibilité qui la bouleversa. Pour la première fois de sa vie, elle comprit que le plaisir de faire le mal était une caractéristique indéniable de l'être humain. Sa nature douce ne put supporter cette confrontation. Elle perdit la raison et dépérit. Peut-être est-il plus exact de dire qu'elle succomba à la violence de ses propres émotions.

Même vous, vous avez été surprise de l'empressement de Valmont à blesser mortellement cette femme, justement celle-là. Car enfin, leur brève liaison n'était pas une bagatelle ; Valmont ne voulait pas, n'osait pas le reconnaître, mais, vous, vous ne le saviez que trop.

De tout ce que Valmont vous avait écrit en confidence, une seule ligne, un seul aveu était resté gravé à jamais dans votre mémoire : « Je ne sortis de ses bras que pour tomber à ses genoux, pour lui jurer un amour éternel ; et, il faut tout avouer, je pensais ce que je disais. »

Et pourtant, il rompit avec elle pour vous prouver qu'il était resté tel qu'en lui-même. Vous avez cependant dû comprendre que la vie vous avait conduits l'un et l'autre à un stade de comportement tel que votre liaison excluait à jamais la possibilité de voir s'épanouir une autre Marquise qui ne fût *pas* perverse, ou un Vicomte qui ne fût *pas* dépravé. Dans l'épreuve de force de plus en plus empoisonnée à laquelle se livraient les deux amants ratés que vous étiez, vous avez d'abord semblé être la plus forte : vos manœuvres rendirent inévitable le duel au cours duquel le jeune soupirant désenchanté d'une Cécile Volanges déshonorée tua le Vicomte. Mais Valmont mourant prit sa revanche. Il rendit publiques les lettres que vous lui aviez écrites.

Justement, Madame, parce que le lecteur des *Liaisons dangereuses* vous découvre à travers ces lettres, il risque fort de vous considérer comme une femme qui préférait la forme épistolaire à tout autre moyen d'expression. Or rien n'est moins vrai. Vous vous cachiez, au contraire. Vous avez déclaré plus d'une fois que vous n'écriviez jamais à vos amants de votre main. Vous dictiez vos billets doux à votre chambrière, Victoire. C'était l'une des plus importantes précautions que vous preniez pour éviter d'être découverte ou pour pouvoir qualifier de mensonges et de calomnies d'éventuelles indiscrétions des personnes concernées. Lorsque vous vous êtes écartée de vos principes, lorsque, assise à votre secrétaire en cette journée d'été à Paris, en proie à une humeur complexe faite d'irritation, de mécontentement et de désir, vous avez exposé *par lettre* à Valmont votre projet relatif à Cécile Volanges, vous avez du même coup signé votre condamnation. Vous connaissiez toutes les finesses de l'art de la lettre forgée de toutes pièces, de la lettre « jouée », pourrait-on dire, de la lettre en tant que masque, que ruse ; mais la lettre en tant que document autobiographique a entraîné votre chute. Un homme averti en vaut deux. Vous ne seriez pas celle que vous êtes et restez, madame la marquise de Merteuil, si l'expérience de ces fatals épanchements ne vous avait pas guérie à jamais du besoin d'écrire des lettres plus ou moins confidentielles à un tiers. C'est pourquoi je pense que ce que vous couchez sur le papier dans votre exil haguenois a surtout le caractère d'une méditation. Dans *Les Liaisons dangereuses*, Laclos vous fait dire sur le mode badin que vous espérez pouvoir publier un jour des Mémoires, non pas les vôtres (!), mais ceux de Valmont, basés sur tout ce qu'il vous avait raconté au cours des ans, et sur votre propre expérience et vos observations dans vos rapports avec lui. Peut-être Laclos a-t-il caressé l'idée d'ajouter une suite à son roman sous cette forme. Sa mort, en 1803, nous a privés d'un ouvrage singulier que j'aurais aimé lire, surtout parce que cette manière indirecte, choisie par vous, aurait probablement révélé bien des choses sur votre personne. Je ne me résigne pas à accepter que manque à votre image cette dimension supplémentaire de la vérité ; c'est aussi la raison pour laquelle j'essaie d'invoquer votre ombre.

Je m'imagine que là où aujourd'hui l'allée Daal-en-Berg serpente autour des bosquets de Pex, il devait y avoir un sentier, jadis, il y a des siècles, déjà avant votre époque, formant un raccourci entre les villages de pêcheurs de Kijkduin et de Scheveningen. Supposons qu'il y ait eu une maison à cet endroit : les passants qui se demandaient avec curiosité qui pouvait bien habiter ce petit pavillon isolé ont dû être doublement intrigués, après la tombée de la nuit, par la seule fenêtre éclairée, visible à travers le feuillage du parc ou, en hiver, entre le réseau de branches. Dans mon imagination, c'est la fenêtre de la pièce dans laquelle, solitaire, à la lueur des chandelles, vous continuez à vous maintenir sur le papier.

6. La marquise de Merteuil

Quelque chose me dérange. Il me semble souvent qu'une pression s'exerce sur moi, qui m'indispose. Est-ce la solitude qui me joue des tours ? Je ne vois pas d'ombres, je n'entends aucun bruit insolite (je me suis interdit de laisser mon imagination se livrer au jeu stupide de la lumière et de l'ombre ; une fois suffit !), mais je découvre en moi, en mon esprit, une influence qui veut m'amollir, me rendre *sensible*. Ce que je rejette dans mes lectures semble s'imposer à moi par des voies détournées. Je n'ai pas l'intention de céder à la sentimentalité ; maintenant moins que jamais. Dans les circonstances actuelles, je ne peux supporter cette situation et – qui sait – échapper une fois de plus à une vie que la monotonie rend de plus en plus intenable qu'à condition de bannir toute trace de faiblesse morale. Dois-je pleurer Valmont ? Ne serait-il pas le premier à rire de moi ? Ce serait enlever toute sa force à la glorieuse solidarité, placée sous le signe d'une liberté totale, que nous avons connue, si je me mettais à me lamenter parce qu'elle s'est révélée éphémère, comme tout sur terre. Ne le savais-je pas de longue date ? J'ai appris qu'en Angleterre et en Allemagne la mode voulait aujourd'hui que l'on érigeât, en un lieu paisible, sur ses propres terres, un monument (une urne ou une colonne) à la mémoire d'un mort bien-aimé, pour ensuite aller s'apitoyer sur le bonheur perdu à l'ombre de cyprès et de saules pleureurs. En un sens, je comprends mieux la femme qui – comme je l'ai lu récemment – conserve le crâne de son amant dans sa chambre. La tête de mort est macabre, mais elle est du moins tangible. J'ai horreur de tout ce qui est vague et trouble. Je ne veux pas non plus me laisser aller à des accès de regret ou de honte ; et surtout, je ne veux pas *souffrir*. Chaque fois que la tête commence à me tourner, ou lorsque je sens monter en moi l'envie de me tordre les mains (je ne peux verser de larmes que quand je pose pour la galerie), je me représente *celle* à qui Valmont donna la préférence (et qui, comme en témoignaient les lettres qu'il m'adressait, ne répugnait pas à extérioriser ses violentes émotions) et je suis aussitôt guérie. Il est vrai que je ne peux pas agir comme je le voudrais, mais je suis encore capable de développer des idées comme autrefois. Pas d'actes donc, mais des paroles pour prouver que je maîtrise mon existence, et ne suis pas la proie de fantasmes ou d'angoisses. Où pourrais-je trouver une oreille attentive, attendre de l'estime, ailleurs que dans ma propre conscience ? Lire, c'est sous bien des rapports – je le constate – dialoguer avec soi-même. Le lecteur réagit machinalement aux propos et au comportement des personnages fictifs, et formule son approbation ou sa répugnance. Celui ou celle à qui je donne mon opinion n'est pas mon moi lucide, mais une sorte de contradicteur possible, peut-être cette étrange puissance informe, ce *courant de sensibilité* que je ne peux supporter.

De Johann Wolfgang Goethe, célèbre jusque bien au-delà des frontières de sa patrie (ou von Goethe ; il semble qu'il ait été anobli dans l'intervalle ; mon professeur d'allemand réduisait le son de sa voix à un murmure respectueux dès qu'il prononçait le nom de ce génie), j'ai lu un roman sur un certain Werther, un jeune homme extrêmement sentimental et tout occupé de lui-même, qui meurt littéralement d'amour pour une charmante et vertueuse personne, (selon une recette qui a fait ses preuves !). Je n'ai pu trouver aucun trait de caractère intéressant dans cette Lotte ; elle m'est apparue comme une brave bourgeoise, maîtresse de maison jusqu'au bout des ongles, sentimentale au possible, mais pas larmoyante heureusement. Me basant sur tous les commentaires élogieux, je m'attendais après cela à être passionnée en tout cas par les tragédies, *Stella* et *Iphigénie en Tauride*, du même auteur. Mais dans le cadre du ménage à trois auquel est consacré le premier ouvrage, les deux femmes sont, une fois de plus, des exemples de cette force de caractère noble et pleine de componction qui me semble diamétralement opposée au bon sens et à l'art de vivre ; et l'héroïne de cette tragédie construite sur le modèle classique fait songer à une statue de marbre ambulante, austère et triste, chaste et détachée. A vrai dire, je me suis sentie beaucoup plus attirée par *Minna von Barnhelm*, le principal personnage féminin d'une autre pièce allemande écrite par un certain Lessing. *Elle*, au moins, fait preuve d'esprit et de ténacité, elle sait ce qu'elle veut et s'élève consciemment contre certaines conceptions très masculines, exagérément idéalistes, de l'honneur, du devoir et de l'abnégation. Elle a le courage de reconnaître que son propre bonheur lui importe plus que tout. Naturellement, là encore ce bonheur est d'ordre sentimental, celui d'un amour éternel (conjugal). En tout cas, j'ai apprécié la vitalité du personnage qui compense dans une certaine mesure le manque d'éclat et d'ingéniosité mondains. Mon maître d'anglais m'a recommandé deux romans illustrant selon lui l'esprit de notre temps : les très volumineux romans épistolaires qui font fureur depuis vingt ans, à Paris comme ailleurs, mais que je n'ai jamais voulu ouvrir à l'époque, par manque de temps et surtout parce que j'éprouvais de l'aversion pour le genre larmoyant ; je veux parler des romans de Samuel Richardson, *Clarissa Harlowe* et *Paméla*. A présent, je les ai lus dans la version originale et, je l'avoue, mon étonnement est allé grandissant. La résistance excessive de Clarissa aux avances de son soupirant Lovelace (un personnage qui présente certains traits de caractère communs avec Valmont) me semble bien plus une preuve de sa crainte presque maladive de la jouissance que d'innocence. Oh, je comprends parfaitement son cri : « J'ai eu la force de mépriser l'homme que j'aurais pu aimer ! » Mais j'ai l'impression que mademoiselle Harlowe est – inconsciemment, du reste – de mauvaise foi. On ne me fera pas croire qu'elle n'avait pas discerné d'emblée les intentions de son opiniâtre poursuivant. Au fond, peut-être se complait-elle davantage à se torturer et à s'humilier plutôt que de s'abandonner à la jouissance physique que l'homme et la femme peuvent se procurer mutuellement. C'est seulement lorsqu'on lui a administré une drogue lui ayant fait perdre connaissance qu'il est possible de l'approcher. La pâmoison fournit l'excuse de sa capitulation ! Je considère aussi bien l'héroïne que son auteur comme de fieffés hypocrites. Un nombre sans cesse croissant de lecteurs pleurent à chaudes larmes, paraît-il, sur le sort de cette Clarissa, s'identifient à elle, comme s'il s'agissait d'un combat métaphysique entre le Bien et le Mal.

Tout en contemplant les arbres bas de mon parc dont le vent de sud-ouest gêne la croissance, j'ai tenté de me plonger dans la nature de cette prétendue mentalité nouvelle. Moi, j'ai méprisé l'homme que j'aurais pu aimer, mais pas au prix de ma vie. Celle que je ne veux pas nommer l'aimait – Valmont – à sa manière à elle, alors qu'elle eût dû le mépriser ; elle en est morte. Mais du moins finit-elle par succomber à ses avances librement – quoique brièvement et trompée par ses sentiments – et revint, juste avant le moment suprême, de la pâmoison dans laquelle elle s'était naturellement crue obligée de tomber. Ce qu'elle – mon unique vraie concurrente – y gagna était d'une importance capitale ; je suis la seule à l'avoir pleinement compris. Clarissa Harlowe continue à résister à Lovelace parce qu'il ne désire que sa capitulation physique, mais ne respecte pas son caractère, méprise son esprit ou, devrais-je plutôt dire, son « âme ». Je connais la déception et la colère qui s'emparent d'une femme quand un homme brigue ce qu'il lui sied d'appeler d'un euphémisme trop limpide ses « faveurs ». J'ai toujours combattu mes amants avec leurs propres armes, Valmont comme les autres – et c'est justement la raison pour laquelle il ne m'aimait pas vraiment. Dans les rapports entre les sexes, il ne faut pas, je crois, minimiser la notion de lutte. Les lois qui régissent la nature de l'un sont funestes à l'autre. Vivre ensemble n'est possible que temporairement, au moyen d'une trêve ; l'amitié durable est une illusion. Je suppose qu'il faut appartenir de naissance à la classe de la chevalerie friande de tournois pour le comprendre. L'état d'esprit tel qu'il est dépeint dans la nouvelle littérature en est le contrepied : c'est la morale de ceux qui attachent plus d'importance à la propriété et à la respectabilité qu'à la fierté. Je me suis attaquée au second roman, *Paméla*, à contrecœur et j'ai trouvé la confirmation des soupçons que je nourrissais au regard de cette conception *bourgeoise* par excellence. La vertueuse servante Paméla (heureusement pour elle, jeune et attrayante) ne cède pas aux avances de son seigneur et maître avant qu'il l'ait demandée en mariage. Ici, derechef, apparaît cette estime accordée à la prétendue chasteté et à l'« amour » en tant que relation excluant toutes les autres. Une fille du peuple n'est pas nécessairement dupée par les gens haut placés qu'elle fréquente, je l'ai constaté moi-même. J'ai connu à Paris plus d'une modiste ou d'une camériste qui surent, grâce à leur salutaire réalisme et à leur raffinement, exploiter leur position simplement parce qu'elles tenaient compte de la différence fondamentale entre les sexes d'une part et entre les rangs d'autre part. Cette habileté spontanée basée sur l'instinct de survie, je l'ai trouvée décrite dans *Manon Lescaut* de l'abbé Prévost et dans *Moll Flanders* d'un auteur anglais du siècle dernier, Daniel Defoe. Manon et Moll sont des aventurières, l'équivalent féminin des scélérats qui, de tout temps, ont séduit les lecteurs par leur ingéniosité, leur audace et leur flexibilité mentale. Ni Moll ni Manon ne sont sentimentales, j'entends par là que l'une et l'autre se soucient fort peu d'être considérées comme de belles âmes ou comme ayant de nobles aspirations. Ce sont deux personnes du sexe féminin, pleinement conscientes de la dure réalité. Elles n'essaient pas de créer une norme idéale qui vaille pour les hommes comme pour les femmes. Elles abordent les problèmes de l'existence en partant de leur féminité et avec des moyens féminins, et réussissent chaque fois par leur habileté et leur tact à dominer les situations dans lesquelles le sort les a placées. Mais Moll Flanders ni Manon Lescaut ne sont le produit de la nouvelle sensibilité qui, prétend-on, va changer la société. Ces deux héroïnes sont généralement considérées comme des escroqueuses, des créatures immorales, qui trompent leur monde. On dit de Manon qu'elle est fascinante, mais corruptrice pour qui l'aime, et Moll est une jouvencelle pleine de vie, totalement dénuée de scrupules de conscience ou d'une autre nature. Sous ce rapport, elle me fait penser à Marianne, le personnage d'un roman de monsieur de Marivaux ; c'est une orpheline qui utilise sa grâce, ses ruses et la connaissance qu'elle a des humains, bref une ambiguïté magistrale, pour faire tomber à ses pieds l'homme de son choix, inaccessible au départ. J'ai toujours eu un faible pour la sagacité de ce Marivaux. J'étais encore enfant lorsque déjà on vantait ses qualités d'homme du monde qui persiflait les manières ridicules des précieuses avec plus d'élégance que Molière ne l'avait fait avant lui. J'ai assisté à Paris à maintes comédies de Marivaux ; un dialogue m'est resté en mémoire – c'était, je crois, dans *La Colonie* :

« Le mariage, tel qu'il a été jusqu'ici, n'est plus qu'une pure servitude que nous abolissons, ma belle enfant... Abolir le mariage ! Et que mettra-t-on à la place ? Rien. » Des femmes comme Manon, Moll et Marianne sont, je le maintiens, beaucoup plus proches de la vérité dans la représentation qu'elles donnent de notre sexe que les beautés exagérément sensibles, exaltées, prêtes à s'évanouir à tout instant, respectueuses à l'extrême des normes de la décence et de la vertu, que nous offre le courant littéraire contemporain. Dans *La Nouvelle Héloïse*, le moderniste Rousseau nous fournit un exemple frappant de cette mentalité en la personne de sa Julie dont l'esprit de sacrifice et l'obéissance frisent l'hystérie, et je m'étonne que cette image fasse de plus en plus d'adeptes, y compris en France. Je me suis demandé si j'étais peut-être d'un autre temps, parce que je ne me reconnais pas dans de telles figures. *Elle* – celle que Valmont idolâtrait – avec ses scrupules de bourgeoise dévote représentait-elle cette nouvelle conception de la vie ? Et Valmont ? Cette seule femme incarnait-elle pour lui le paradis sur terre parce qu'il commençait à se lasser du monde dans lequel, lui et moi, nous vivions alors avec tant de succès, le monde de la lutte, de la rivalité, des plaisantes frivolités et du jeu gratuit ? A l'époque où il s'est épris d'elle, il m'écrivit que son cœur était « fané », qu'il se sentait prématurément vieilli et – j'en suis encore remuée aujourd'hui – qu'*elle* lui avait redonné l'illusion d'être jeune.

Parvenue à ce point de mes lectures, je songeai que je devrais peut-être chercher la représentation la plus fidèle de la femme dans des figures romanesques ou des *dramatis personœ* qui fussent considérées, tant par les auteurs que par les héros fictifs des œuvres en question, comme inacceptables socialement ou dans le privé, c'est-à-dire incompréhensibles, importunes, amorales, en un mot *mauvaises*. Penser et agir conformément à sa propre nature mène trop souvent une femme, semble-t-il, à entrer en conflit avec les lois et les règles politiques et religieuses en usage, établies par les hommes. Il semble qu'il soit interdit à la femme d'être animée de grandes passions. La seule qui lui soit accordée, c'est celle de la maternité. On se méfie même d'une femme qui manifeste un patriotisme extrême ou une grande ferveur religieuse. Que Jeanne la Pucelle ait été réhabilitée ou Thérèse d'Avila canonisée après coup ne change rien à l'affaire. Lorsque, dans une femme, la passion va de pair avec la volonté et l'intelligence, le résultat ne peut être qu'une tragédie. Une telle combinaison à l'égard d'un amant ou d'une idée est considérée comme un péché, le péché d'orgueil. Les œuvres littéraires nous montrent les femmes en proie à la passion, en tant qu'objet ou victime de la passion d'un autre, comme par exemple Phèdre ou Hermione ou Bérénice dans les tragédies de Racine. Ce qui les attend c'est le malheur, une défaite morale ou la mort, rien d'autre. Une femme qui fait preuve d'un esprit créateur dans sa passion, qui agit, reste maîtresse d'elle-même et de la situation, c'est la princesse de Clèves, personnage d'une histoire écrite par une *femme*. Mais l'auteur, madame de La Fayette, elle aussi, fait payer à sa protagoniste le prix de son comportement réfléchi, intelligent, mais dérogatoire : la princesse s'interdit consciemment la jouissance d'une relation amoureuse pour ne pas devenir la dupe de ce qu'elle redoute – à juste titre selon moi –, à savoir que les sentiments de l'homme aimé s'étiolent dès qu'elle se sera donnée à lui. J'apprécie la conduite cohérente de cette femme, typique de la discipline intérieure de notre Grand Siècle, et cela plus encore lorsque je compare sa maîtrise et la conscience qu'elle a de sa propre valeur avec les créatures tendres que l'on nous vante aujourd'hui, torturées par les passions qu'elles ont éveillées et qu'elles considèrent au fond comme indignes de leur délicate dignité, ou qui parlent sans cesse de l'intensité de leurs états d'âme mais ne songent point à exprimer ces émotions par des actes.

Feuilletant toute une sélection d'écrits, je commençais à soupçonner que les prétendues « mauvaises » femmes des œuvres littéraires étaient les femmes passionnées, celles qui ne veulent ou ne peuvent rester passives ; bref, qui revendiquent un droit réservé, semble-t-il, à l'homme. Les mauvaises femmes sont celles qui réagissent en *passant à l'action*. Le *héros* trouve, dans le bien et dans le mal, des alliés, des adversaires de même niveau ou de même force. Les poètes les laissent vaincre ou se perdre, mais jamais sans grandeur, sans allure. En revanche, la femme reste seule dans un vide, avec sa passion non partagée ou sans avenir.

Comme la femme passionnée semble être aujourd'hui moins que jamais à la mode (moi aussi, je me suis toujours prudemment prononcée en faveur de *l'amour de tête* * et de la réserve) et qu'apparemment l'avenir appartient à celles qui prônent les vertus domestiques et l'amour comme étant l'union éthérée de deux âmes sœurs, j'ai cherché des exemples dans les œuvres littéraires du passé. Je me suis aperçue que les

« mauvaises » femmes y étaient nombreuses. J'ai étudié plus spécialement quelques-unes des tragédies de Shakespeare qui, bien qu'ayant vécu et écrit il y a deux siècles, continue à enthousiasmer le public anglais. Mon maître dans la langue d'Albion m'avait déjà fait connaître les scènes et les monologues les plus célèbres de cette œuvre considérable ; j'avoue que j'ai souvent été frappée par l'originalité d'une image, la vitalité d'un vers, mais, dans l'ensemble, j'ai trouvé les personnages bizarres, peu civilisés. J'avais parfois l'impression d'entendre parler des êtres venus de régions lointaines, encore primitives. C'est le genre d'histoires que racontent les paysans et les bergers dans les monts du Vercors. En voyage, il m'est arrivé d'être contrainte par le mauvais temps de passer quelques instants dans la cabane d'un charbonnier ou dans une bergerie, où de solides barbus aux épaules couvertes de peaux de bêtes étaient accroupis autour d'un feu. Des œuvres de ce Shakespeare que j'ai eues sous les yeux se dégage une curieuse ambiance comparable à celle-là ; ténèbres, éclat des flammes, quelque chose de sauvage. Mon aversion pour ce qui est fruste, exagérément violent, m'empêche de discerner comme il conviendrait les mobiles des personnages féminins. Ainsi, la reine du Danemark dans *Hamlet* et les sœurs Régane et Goneril dans *Le Roi Lear*, tragédie relative à un vieux monarque, me semblaient dominées par des sentiments peu nuancés où se mêlaient la sensualité et l'ambition ; pour la première, il s'agit d'attirer un homme dans son lit aux dépens des rapports avec le fils ; pour les deux autres, d'une couronne aux dépens de tout. La reine du Danemark ferme les yeux sur un crime qu'elle ne pourrait commettre parce qu'elle est trop stupide et trop veule ; les sœurs malfaisantes sont des caricatures de férocité. Quant à l'épouse de Macbeth, dans la pièce de ce nom, peut-être pourrais-je la qualifier de « mauvaise », au sens où j'entends ce terme, si seulement je la comprenais.

C'est avec un soupir de soulagement que je me suis tournée vers les grands auteurs de l'Antiquité. Euripide et Ovide ont tous deux consacré une tragédie à Médée, princesse de Colchide, qui aida Jason à conquérir la Toison d'or et se vengea plus tard d'une manière si sanglante de son infidélité. La pièce d'Ovide a disparu ; en revanche, le douzième chant de ses *Héroïdes* nous présente un portrait de Médée. Au cours des longues soirées que j'ai passées seule, comme la vieille Hélène du célèbre sonnet de Ronsard, « à la chandelle » dans mon cabinet, tandis que dehors la tempête faisait rage dans les bosquets entourant ma maison, j'ai comparé la vision qu'avait Ovide de ce personnage féminin à celle du poète grec. On prétend que de tous les peuples de l'Antiquité, les Romains se laissaient le plus guider par la raison. Ovide ne se perd pas en sentimentalité à l'égard de Médée. Ses vers ont l'éclat froid que j'aime ; les formes du latin sont aux antipodes de la barbarie. La sublime mais trouble passion qui émane de l'œuvre d'Euripide s'oppose en tout point à la raison, ce que je trouve déplaisant, même si je reconnais la qualité supérieure des vers grecs. « Nous autres femmes... je ne veux point médire de nous / mais nous sommes ce que nous sommes. » Voilà ce qu'Euripide fait dire à Médée. Qu'entend-elle par là ? Qu'une femme n'applique pas les mêmes critères que les hommes pour juger du bien et du mal ou que les femmes ignorent la différence entre le bien et le mal ? Mais ailleurs, la Médée d'Euripide s'exprime comme si *elle*, en tout cas, connaissait cette différence : « Oui, je peux supporter la culpabilité, si atroce qu'elle soit : mais la raillerie hautaine de mes adversaires, voilà ce que je ne supporte pas ! » Cependant, Médée ne tue pas ses enfants et sa rivale en amour pour échapper à l'humiliation et aux sarcasmes des étrangers, mais pour frapper cruellement Jason, comme elle a autrefois, pour aider Jason, assassiné son propre frère. Elle détruit ce qu'elle a « de plus cher », dit le texte, les fils qu'elle a eus de Jason ; puis elle s'enfuit dans un char tiré par des dragons qu'elle a fait surgir par magie. Qui s'est penché sur la mythologie sait qu'elle cherche protection à Athènes et qu'elle y devient l'épouse du roi régnant. Et c'est cette même femme que nous voyons, au début de la tragédie d'Euripide, si accablée par l'infidélité de Jason, si peu préoccupée de survivre qu'elle se roule nuit et jour sur le sol, refuse le boire et le manger. Elle est tout entière absorbée par le souci et la crainte que lui cause le sort de ses enfants dans la situation qui naîtra du nouveau mariage de Jason, mais c'est précisément à ces êtres innocents qu'elle confie le soin de porter les présents empoisonnés à la future épouse de Jason ; en d'autres termes, elle les expose, eux qui sont déjà menacés, à un danger de mort presque certain. Le comble de la contradiction ! « Nous sommes ce que nous sommes » ; cela signifie-t-il que les femmes sont irrationnelles, capricieuses comme les phénomènes naturels ? La Médée d'Ovide ne se livre pas à des démonstrations excessives d'amour maternel ou de désespoir amoureux. On suit son apologie, comme on assiste, dans un duel, aux attaques et aux parades d'un maître de la rapière, ou comme on apprécie au jeu d'échecs la tactique grâce à laquelle l'un des deux joueurs est fait mat. La variante d'Ovide me paraît inviter à la réflexion en ce sens que sa Médée ne présente pas ses crimes comme une vengeance qu'elle doit exercer sur Jason, mais comme une punition des dieux ou du Destin sur elle-même, parce qu'elle eut un jour la naïveté, la candeur, de croire à la fidélité de Jason et de se faire la complice d'actes de violence pendant l'expédition des Argonautes. Cette Médée-là est lucide, ignore la lutte trouble entre l'émotion et la raison. Il me plaît qu'elle ne tente pas de s'envelopper dans des voiles d'énigmes et de mobiles inexplicables. C'est une femme qui estime à juste titre devoir se venger et – tout aussi justement – ne néglige aucune chance de se montrer sous un jour aussi favorable que possible aux lecteurs de son épître (tous les chants des *Héroïdes* sont sous forme de lettres, ce qui en agrémente considérablement la lecture !).

7. A la marquise de Merteuil

Madame, je comprends votre dédain à l'égard du courant romantique ; pourtant je ne peux m'empêcher de déplorer en vous une certaine étroitesse d'esprit. Êtes-vous donc, vous justement, aveugle à l'élément de dignité individuelle, au refus de nouer des relations autrement que de votre propre choix, facteurs qui sont au cœur des œuvres que vous nommez ? Votre résistance profondément enracinée à toute forme d'exploitation par d'autres a poussé la jeune femme que vous étiez (ignorante encore de la nouvelle mentalité naissante et vous croyant émancipée dans la société frivole à laquelle vous apparteniez) à attirer à vous le pouvoir par la ruse et le raffinement. J'ai déjà signalé le côté chevaleresque (ou devrais-je plutôt parler de scélératesse raffinée ?) de votre comportement et de vos procédés. Vous agissiez ainsi, je ne dirai pas avec le courage du désespoir parce que le désespoir n'est pas dans votre nature, mais en tout cas vaillamment, avec un courage froid, sans illusions, solitaire. N'avez-vous pas senti s'élever en vous une réaction, lorsque vous avez lu dans la littérature contemporaine que des femmes et des jeunes filles dont l'origine et le talent étaient bien inférieurs aux vôtres étaient prêtes à soutenir, même au prix de leur vie, qu'elles ne voulaient plus être traitées en femme-objet, être considérées comme des jouets, devenir la propriété de quelqu'un, et qui (posant leurs conditions : respect, affection sincère, fidélité) engageaient la lutte contre la décourageante relation entre l'homme et la femme, basée sur les différences biologiques « primitives », que vous dénonciez vous-même ? La valeur symbolique de cette lutte vous a-t-elle échappé, à vous, la compatriote des penseurs nouveau style tels que Rousseau, Montesquieu, Voltaire ? Ou étaient-ce peut-être justement les implications lourdes de conséquences du nouveau courant qui répugnaient à l'aristocrate élevée dans la conscience de l'inégalité humaine ?

Nul doute, Madame, que vous ayez été irritée par l'exagération romanesque, presque caricaturale, d'émotions condamnées jusque-là par la société qui donnait alors le ton comme étant mesquines, totalement dénuées de grandeur, donc sans intérêt. Le premier élan d'un contre-courant est souvent excessif, doit même l'être, pour se faire connaître. Je ne prétendrai pas que *Clarissa Harlowe* et *La Nouvelle Héloïse* soient des chefs-d'œuvre impérissables. Mais les éléments essentiels de la Nouvelle Sensibilité ont revêtu une forme géniale dans la tragédie *Faust* du même Goethe dont *Les Souffrances du jeune Werther* vous ont paru si larmoyants. Non, Madame, je n'essaierai pas de vous donner une impression du contenu de *Faust* ; je m'en estime incapable, surtout en ce qui concerne la seconde partie de la tragédie. Quant à la première, je la résumerai brièvement ; elle relate l'histoire d'un savant vieillissant qui vend son âme au diable (l'esprit négateur par excellence) en échange de la jeunesse éternelle et de la possession d'une jeune fille pure, Gretchen. Il la séduit et l'abandonne ; désespérée, devenue folle, elle tue l'enfant qu'elle vient de mettre au monde et est condamnée à l'échafaud. Il a été établi que Goethe connaissait *Clarissa Harlowe* et *Julie* ainsi que d'autres œuvres de la nouvelle littérature sentimentale et qu'il les appréciait. Il y a puisé ses principaux thèmes et symboles. Son œuvre fourmille de femmes trompées et abandonnées. La Gretchen de *Faust* est le type classique de l'innocence séduite. Dans son roman *Les Affinités électives*, que vous n'avez pu lire dans le manoir Valmont puisque le livre n'était pas encore écrit à cette époque, Goethe met en scène diverses variantes de rapports humains, surtout la relation homme-femme, qui sont clairement inspirées par le besoin, de plus en plus ressenti et répandu, de privilégier la vie affective et de rajeunir des formes anciennes. On a également supposé qu'il avait été influencé par la lecture des *Liaisons dangereuses*, sûrement après 1790. Méphisto, le diable dans *Faust*, peut être considéré comme un libertin sans scrupules, démoniaque, Satan lui-même sous les dehors d'un roué, qui tisse sa toile autour des mortels avec une joie perfide. Le docteur Faust redevenu jeune, le véritable séducteur, est d'une structure plus simple : un « chercheur » qui n'a jamais vraiment vécu et recherche maintenant la sensation de puissance dans une ivresse de jouissance, mais est soudain pris du désir d'atteindre à une forme supérieure de bonheur. L'un des commentateurs actuels de Laclos a avancé l'idée que Faust et Méphisto représentaient les composantes essentielles d'une sorte de super Valmont, qu'ils incarnaient ensemble l'irrépressible besoin masculin de conquérir et de détruire, tout comme Gretchen était une forme de ce que Goethe a appelé « l'éternel féminin », la force douce qui, sous une apparence de défaite, finit par triompher, ce qui veut dire ennoblir. Ma description de la première partie de la tragédie suscitera peut-être en vous la remarque que cette histoire est propre à charmer votre fille de cuisine, la brave Trijn ou Pleun (qui vient aussi de Loosduinen), et que, si elle sait lire, la langue et les métaphores utilisées par le grand poète pour raconter son « histoire » constitueront des obstacles insurmontables. Mais, tandis que j'écris, le souvenir de votre ancienne femme de chambre et sœur de lait, Victoire, me revient à l'esprit. Dans *Les Liaisons dangereuses*, nous trouvons une indication concernant le crime qu'elle aurait un jour commis (vous connaissiez le secret de sa culpabilité, ce qui vous permettait d'exercer sur elle un pouvoir absolu). Victoire, fille-mère comme la Gretchen de *Faust*, avait tué son propre enfant par crainte du scandale. N'avez-vous jamais eu pitié d'elle ? Vous avez toutes deux été assises sur les genoux de votre nourrice, vous avez couché dans le même lit, joué ensemble. Lorsque vous étiez toute petite, vous avez certainement cru que vous apparteniez à la même famille. Ou étiez-vous déjà si imprégnée d'un hautain sentiment de supériorité citadine que vous ne pouviez les considérer elle et les siens que comme des gens d'une classe inférieure, tout juste bons à être exploités ? Lorsque Victoire entra à votre service (« sauvée » par vos soins) après sa faute et son acte désespéré, n'avez-vous jamais pensé : « *There but for God's grace go I* » ? Je peux à peine m'imaginer que vous, qui aviez constamment auprès de vous Victoire, témoin oculaire et auriculaire de toutes les atteintes aux bonnes mœurs que *vous* commettiez impunément, vous n'ayez jamais réfléchi à la nature de la différence qui séparait vos deux destins ? Peut-être tout cela vous semblait-il parfaitement naturel, tout comme autrefois, au château de Merteuil, vous trouviez naturel de vous servir des bergers et valets qui vous plaisaient comme d'instruments propres à satisfaire vos pulsions sexuelles, sans que cela leur donnât le moindre droit de se plaindre ou de revendiquer quoi que ce fût. En fait, Madame, vous vous comportiez toujours vous-même comme le méchant Séducteur et l'Exploiteur implacable. On vous a parfois appelée un « Lovelace en jupons ». Oh, je me doute bien que vous soupirez d'ennui et que, de la pointe de votre soulier de soie, vous frappez le parquet de petits coups agacés, tandis que vous feuilletez les romans nouveau style que votre libraire vous a apportés. Votre formation, conforme à un modèle séculaire réservé à l'élite, vous empêche de cultiver des affinités avec des pensées révolutionnaires qui, en soi, sont tout à fait dans le droit fil de votre caractère. Le raffinement aristocratique, essentiellement matérialiste, de l'époque rococo tire à sa fin tandis que vous êtes là, parmi vos livres, dans votre salon du manoir Valmont. Que le romantisme voulût être un raffinement de la *sensibilité* et surtout aussi la démocratisation de ce raffinement, la possibilité offerte à tous d'une noblesse de cœur, n'a pas de quoi vous séduire ; je comprends maintenant pourquoi : non pas parce que l'intelligence vous fait défaut, mais simplement parce que vous, qui tenez tant à votre indépendance, vous ne pouvez vous faire aucune idée de ce que représentent les notions d'« égalité » et de « fraternité ».

En ce qui concerne votre point de vue sur les femmes que vous appelez « mauvaises » dans le théâtre de Shakespeare, le climat de l'époque où vous étiez fêtée semble aussi vous jouer des tours. Rien n'est moins « rococo » que Shakespeare. Je comprends votre *dégoût* * pour le comportement des deux filles du roi Lear, en effet barbares, ainsi que votre mépris pour la veulerie de la mère de Hamlet. Cela n'a rien à voir avec la nature des crimes ou la complicité des personnages ; ce qui vous déplaît, c'est la prévisibilité de leur démarche. Le manque de complexité de leur caractère les rend inintéressants à vos yeux. Je ne peux nier que Régane et Goneril nous apparaissent comme une stylisation ambulante de la méchanceté ; mais peut-on dire que la reine, dans *Hamlet*, est simplement stupide et sensuelle ? Quant à Lady Macbeth, elle est sans aucun doute l'une des figures de femme les plus passionnées de la littérature. Une fois de plus : l'ambiance de cet ouvrage n'est pas à votre goût. Si vous trouviez déjà la région de la Drôme sombre et abêtissante, je devine quels frissons ont dû vous parcourir à la seule évocation du château de Macbeth, dans la rude et aride Écosse. Les bergers et les charbonniers qui vous donnaient l'impression de sauvages préhistoriques sont d'une simplicité pastorale comparés aux farouches guerriers sur la colline de Dunsinane. La langue de Shakespeare contraste si radicalement avec le style élégant dans lequel les choses de la vie, même les plus horribles, vous ont toujours été présentées que cela nuit à votre entendement. Reste à savoir d'ailleurs si l'*intelligence* peut permettre de comprendre un personnage comme Lady Macbeth ; elle semble tant être une incarnation (temporaire) d'éléments nés de l'inconscient (de Macbeth !) qu'elle apparaît plutôt comme un noyau coriace d'énergie négative. Lady Macbeth est presque toujours interprétée comme la compagne diabolique qui pousse Macbeth à commettre ses crimes. Pour obtenir une image juste de sa personnalité, il faudrait analyser la disposition d'esprit d'une femme intelligente, énergique, qui, cependant, n'a pas voix au chapitre dans la société où elle vit et qui a pour époux un homme prodigieusement ambitieux mais peu doué et faible de caractère. Shakespeare n'a pas abordé sa matière sous un angle historique ; mais dans l'Angleterre de son époque les possibilités, pour les femmes, de s'épanouir étaient aussi réduites que dans l'Écosse médiévale ; peut-être la situation était-elle même plus favorable en Écosse car, à l'intérieur des clans, les femmes jouaient un rôle incontestable. Lady Macbeth connaît soudain l'ivresse de pouvoir agir à un niveau qui dépasse de loin celui de sa vie quotidienne. Les sorcières qui prédisent l'avenir à Macbeth au début du drame représentent l'irrationnel, le côté nocturne de l'âme, tout ce qui fermente de refoulé et d'inexprimable en Macbeth lui-même. Lady Macbeth est celle qui, pourrait-on dire, traduit pour lui les paroles des sorcières ; c'est à travers elle que l'ambition cachée de Macbeth devient visible. Ce que les sorcières lui avaient annoncé sous forme de sentences énigmatiques semble devoir s'avérer, se réaliser grâce aux conseils de son épouse. Elle se rend complice de ses crimes non par une simple soif de sang ou par ambition, mais par suite d'un dévouement aveugle à Macbeth que l'on pourrait même appeler un besoin d'identification. On peut aussi voir en Lady Macbeth une femme profondément déçue, sans doute stérile après la mort de son unique et encore jeune enfant, et toujours solitaire dans son château retiré, pendant les campagnes de son mari. De la lettre de Macbeth relative aux prédictions qui lui ont été faites, elle tire des conclusions qui vont beaucoup plus loin que le contenu réel du message, en d'autres termes : n'ayant aucun but personnel susceptible de remplir son existence, elle reporte toute son attention sur lui et ses intérêts, et lit entre les lignes ses désirs secrets. Elle le connaît trop bien pour ignorer qu'il n'entreprendra rien de sa propre initiative dans le but d'obtenir ce qu'il convoite ardemment. C'est de lui que vient l'idée d'assassiner le vieux roi Duncan ; mais c'est *elle* qui joue le rôle décisif dans la réalisation de son souhait, en le convainquant lorsqu'il hésite, en aplanissant les obstacles et en le poussant à agir. Pour lui, ce qui compte avant tout c'est le pouvoir suprême, elle, en revanche, ne songe qu'à le voir accéder au pouvoir grâce à son appui. Ce projet est pour ainsi dire un enfant qu'ils font ensemble, la confirmation d'une unité dans la dualité à laquelle la femme surtout, dans le cas présent, emprunte le sentiment d'une égalité des rôles. C'est que Lady Macbeth est aussi indispensable à Macbeth dans cette phase de son existence que l'était Médée pour Jason lors de la conquête de la Toison d'or. Tout comme la magicienne de Colchide, Lady Macbeth invoque l'aide des puissances des ténèbres ; elle les supplie de lui faire perdre sa féminité, c'est-à-dire de l'endurcir contre la sensibilité et les traits de caractère considérés comme essentiellement féminins tels que la pitié, le remords et la peur. Elle doit, dit-elle, devenir un monstre, transgresser les conventions auxquelles sont assujetties les femmes, pour pouvoir, dans les circonstances données, agir en digne épouse de Macbeth et réaliser les rêves de ce dernier. Aussi, comme une sorte de contrepartie nécessaire aux doutes et à la confusion de son mari, s'épanouit en elle une volonté de fer, un comportement d'une logique inhumaine. Elle ne s'accorde pas le temps de réfléchir et donc la possibilité d'hésiter. J'ai toujours trouvé frappant que l'effondrement moral de Lady Macbeth date de l'instant où Macbeth, absorbé tout entier par les problèmes de son nouvel état et entouré d'autres conseillers, n'a plus besoin d'elle et semble même éprouver une aversion et une crainte inavouées qui le poussent à l'éviter. Que Lady Macbeth, tenaillée par les remords, perde la raison montre qu'elle n'était pas criminelle de nature. Pour elle, le sens de ses actes résidait dans la symbiose avec Macbeth. Lorsque disparaît l'unité dans la dualité, elle n'est plus de taille à se mesurer au monstre qui l'habite. Elle avait été contrainte de se montrer inhumaine pour devenir l'égale de son époux : au niveau du pouvoir, il n'existait aucun moyen d'action accessible à la femme. Qu'une tradition se soit établie de jouer Lady Macbeth comme la méchanceté faite chair, l'art dramatique le doit sans doute à l'actrice Mrs. Siddons, votre contemporaine, Madame. Elle était grande, robuste et particulièrement douée pour jouer les personnages démoniaques. Elle s'est approprié, pour ainsi dire, le rôle de Lady Macbeth et en a fixé la forme.

J'ai d'abord été surprise que votre préférence aille à la Médée des *Héroïdes* d'Ovide, œuvre très inférieure à la tragédie d'Euripide. Ce qui vous a semblé confus dans cette dernière est précisément l'élément qui a sauvé de l'oubli cette pièce restée très vivante jusqu'à ce jour, alors que les *Héroïdes* ne quittent sans doute plus les rayons de la bibliothèque qu'à la demande de spécialistes des textes anciens. La Médée d'Euripide est l'étrangère, la non-Grecque enlevée par Jason à son entourage « barbare » où l'être humain en tant qu'individu compte à peine, mais où *elle*, la princesse, inspire à ceux qui l'approchent une crainte révérencielle – remontant à un passé qui n'est même pas si reculé – pour la princesse-prêtresse liée, par nature, aux puissances chtoniennes immémoriales. C'est aussi pourquoi les habitants de la Colchide pensent que Médée détient un pouvoir magique. Jason a besoin de son aide, autrement dit, le tabou qui entoure Médée lui est d'un grand secours. En transformant les circonstances, spécialement en supprimant les gêneurs par des moyens dont elle seule dispose, Médée parvient à se rendre indispensable à Jason. En lui attribuant un rôle de premier plan dans les actes qu'il accomplit en tant que « héros », il éveille en elle pour la première fois la sensation d'être reconnue en tant que *personne*. De cette action commune naît leur mariage. Médée se sent l'égale de Jason, sa partenaire. Sa rage folle lorsqu'elle apprend son infidélité – qui lui apparaît comme une trahison – résulte surtout de la soudaine conscience qu'elle a de ne pas être pour lui la compagne unique, irremplaçable, de son existence, mais un simple accessoire. En égorgeant les deux enfants qu'ils ont eus ensemble, Médée détruit définitivement l'unité, la notion de couple, déjà minée par Jason qui a contracté secrètement une alliance avec Créüse, un parti politiquement plus important et en outre une femme plus jeune et plus belle qu'elle-même. De partenaire à part entière, Médée est ravalée au rang de l'« une » des femmes de Jason. Mais la passion qu'une divinité a autrefois, en Colchide, allumée dans le cœur de Médée (pour aider Jason) et que les Anciens comparèrent à une roue ailée, enflammée, tournoyante, ne s'est pas encore apaisée, et cette passion aiguillonnée par la rancœur se transforme en démence. La force dont Jason a un jour profité se retourne contre lui et sa maison. C'est là, je crois, le fond de la tragédie d'Euripide. Comme Médée, l'autre « mauvaise » femme, Clytemnestre, est issue de la mythologie grecque, de la période transitoire allant d'une ancienne forme de filiation matrilinéaire à de nouvelles formes de société privilégiant le rôle masculin. Clytemnestre tue Agamemnon parce qu'il n'hésite pas à offrir sa propre fille Iphigénie en sacrifice aux dieux pour qu'ils lui soient favorables dans la guerre de Troie. A une époque antérieure, selon des traditions ancestrales en vigueur dans ce monde méditerranéen, le roi lui-même, l'époux de la reine, aurait accepté de se laisser sacrifier pour obtenir non pas une victoire militaire mais une récolte abondante, une fertilité constante de la terre. Pour Clytemnestre, ce renversement brutal d'une pratique sacrale constitue un crime inouï contre un ordre des choses toujours valide à ses yeux. Aussi bien elle que Médée se vengent dans le sang d'actes masculins qu'elles ressentent comme une forme de profanation, comme une manière de fouler aux pieds ce qui appartient au domaine de la Terre mère, la Grande Déesse. Dans la *Chanson des Nibelungen* inspirée des sagas d'Europe septentrionale et datant du haut Moyen Age, Brunhild se trouve dans une situation analogue. Elle, sorte d'amazone douée d'un pouvoir surnaturel (une variante de la magie exercée par Médée), suscite le meurtre du héros qui a méprisé la sacralité d'un duel avec elle, violé les anciennes lois, et brisé sa puissance par la ruse. La « méchanceté » de ces héroïnes est inséparable de la mesure dans laquelle elles croient encore en une autorité de la femme qu'un nouvel ordre universel a détruite. Je présume, Madame, que la lecture de la dernière épopée dont je viens de parler n'a rien qui puisse vous séduire. Vous trouverez les personnages mis en scène et leurs sentiments encore plus barbares et incompréhensibles que ceux de Shakespeare. Peut-être fais-je erreur et vous êtes-vous au contraire plongée dans l'analyse de la *Chanson des Nibelungen* ; il se peut que votre professeur d'allemand ait été l'un de ces esprits d'avant-garde qui se consacrait déjà à l'étude des traditions germaniques. Dans ce cas, vous n'aurez pas manqué de constater qu'il y a un abîme entre la vengeance de Brunhild et celle de Kriemhild, l'épouse du héros assassiné. Kriemhild extermine avec préméditation toute sa famille, dirige fanatiquement un carnage selon les codes régissant les sanglantes vengeances entre hommes ; ce qui la pousse avant tout à agir ainsi, c'est sa haine aveugle envers ceux qui lui ont enlevé son mari, mettant un terme à l'héroïsme de ce dernier et à son bonheur d'épouse. Kriemhild est la femme qui, dans une société masculine, s'identifie spontanément à la fonction et à la tâche de son seigneur et maître et exécute la vengeance devant laquelle sa famille recule, en lavant l'outrage dans le sang. En se comportant comme un homme, elle devient un monstre, renie son sexe, comme Lady Macbeth. Brunhild n'*est* et ne *sera* jamais une femme dans un monde masculin, j'entends par là, une femme qui n'existe que dans sa relation avec l'homme ; même dans sa défaite, elle reste indépendante. Justement parce qu'elle n'est pas une « femmelette » – ce qui est au fond le cas de Kriemhild –, il fallait que lui fût donnée l'occasion de se mesurer ouvertement avec son ennemi et d'être vaincue ou plutôt conquise dans la pleine reconnaissance de sa propre valeur.

Quant à la Médée d'Ovide, afin de pouvoir vous donner la réplique, j'ai relu attentivement le douzième chant de ses *Héroïdes*. Je ne maîtrise pas le latin comme vous le faites visiblement, Madame, et j'ai dû me satisfaire d'une traduction. Euripide a décrit une femme d'une nature totalement différente de celles de son entourage, qui, par passion, se livre à des actes atroces ; mais la Médée qu'Ovide campe devant nous est une criminelle, l'un des tout premiers portraits que la littérature ait produits de ce type de femme. Ce qui intéresse Ovide, c'est le contraste entre la Médée plus âgée, qui parle dans le poème, et l'image d'elle-même dont elle a gardé le souvenir et qu'elle évoque en manière d'apologie : la jeune fille qu'elle était *avant* de rencontrer Jason. Cette innocence initiale apparaît au lecteur comme une information savamment préparée et entremêlée, avec raffinement, au compte rendu ouvert et détaché de ses actes, destinée à souligner la culpabilité de Jason et à atténuer la sienne. La vérité, c'est que cette Médée-là *devait* suivre Jason, parce que sa lutte pour obtenir la puissance et la gloire lui fournissait l'occasion ou jamais d'agir en accord avec sa propre nature et ses propres capacités. L'authenticité des *Héroïdes* a parfois été mise en doute ; probablement avant tout parce qu'ici l'attention se portait explicitement sur le point de vue et la vision d'héroïnes de la mythologie, telles qu'Andromaque, Pénélope, Hélène, qui n'avaient jamais été considérées autrement que dans l'optique des héros auxquels elles étaient confrontées. Manifestement, c'était là une approche inattendue de la part d'un poète romain. Mais Ovide aimait les femmes, comme en témoigne son *Ars amatoria* et, s'il est vrai qu'il écrivit ses *Héroïdes* pendant son exil sur la mer Noire, il est permis de voir, dans son rejet du point de vue « masculin » par excellence et donc dans la démystification d'un certain nombre de héros mythologiques, une forme de protestation contre les idéaux virils, nationalistes, pleins de grandeur de l'empereur Auguste (qui, considérant Ovide, justement pour ses œuvres érotiques, comme un corrupteur décadent, l'avait banni à vie). A présent – et je veux dire la période dans laquelle je vis, où l'individu prend de plus en plus conscience des problèmes de l'émancipation – le lecteur est frappé par le don exceptionnel qu'a ce poète du IIe siècle avant Jésus-Christ de voir le monde à travers les yeux de la femme, pourrait-on dire, et de pénétrer profondément dans la « psychopathologie de l'amour ». En lisant la lettre qu'il fait écrire à Médée, j'ai inconsciemment pensé à une femme encore jeune qui, il y a environ dix ans en Angleterre, dut comparaître en justice pour complicité dans plusieurs horribles meurtres d'enfants. Myra Hindley appartenait à la classe ouvrière qui s'est acquis, au cours du XXe siècle, le statut de ce qu'était en votre temps la petite bourgeoisie. A force d'assiduité et de persévérance, elle s'était élevée au rang de secrétaire, ce qui ne signifie pas nécessairement, comme vous pourriez le croire, un poste de secrétaire général, mais le plus souvent celui d'une petite employée. Elle touchait dans cette fonction un salaire raisonnable, qu'elle consacrait en grande partie à des sorties et à ses toilettes. Sa bonne humeur et sa serviabilité lui valaient d'être souvent sollicitée par de jeunes ménages pour garder les enfants, quand les parents étaient absents. Elle avait une réputation d'énergie et de fiabilité. Ce qui a éveillé en moi ce rapprochement tient à quelque chose dans la nature de cette femme, qui sans doute ne se manifestait pas, ne *pouvait* pas se manifester spontanément et resta même caché pour elle-même, jusqu'au jour où elle rencontra un certain Ian Brady (un jeune raté, frustré et ambitieux, doté d'une imagination maladive) qui devint son amant. C'est seulement à la suite d'une pulsion sexuelle aveugle (comparable à la frénésie amoureuse qui, selon le récit mythologique, s'empara de Médée dès qu'elle aperçut Jason) que se révéla dans la personne de Myra Hindley une froide inventivité dans le mal, qui fit d'elle la complice indispensable de Brady. « Quand il me le demandait, je finissais toujours par m'associer à ses actions », déclara-t-elle pendant le procès, et aussi : « Je l'aimais, et je l'aime encore. » Des témoins oculaires signalèrent que, lorsqu'il comparut à son tour, il ne daigna pas accorder un regard à son ancienne maîtresse. Elle n'existait simplement plus pour lui. Elle n'avait eu d'autre fonction que de l'aider à réaliser ses rêves intérieurs de sadique.

Madame, je ne voudrais à aucun prix établir des comparaisons entre Jason, le héros de la Toison d'or, et le psychopathe Brady, et il serait tout aussi déplacé et absurde de mettre sur le même plan la princesse de Colchide, plus qu'humaine en tant que figure mythologique, création littéraire et incarnation d'une ancienne culture méditerranéenne, si puissamment symbolique qu'elle continue à inspirer poètes et écrivains, et la femme qui était au banc des accusés en 1966 à Liverpool. Mais une femme de lettres anglaise, Pamela Hansford Johnson, qui était présente dans le prétoire, affirme que Myra Hindley lui apparut comme une figure empruntée à la mythologie, peinte par un artiste du XIXe siècle, à une Clytemnestre, par exemple, ou à l'un des monstrueux personnages fantastiques du peintre suisse Füssli, qui vivait à votre époque. Elle signale aussi la terreur irraisonnée que l'*étrangeté* de Myra Hindley éveillait chez tous ceux qui assistaient au procès. « Elle [Myra] était incapable de se rendre pleinement compte de ce qu'elle avait fait. » La Médée d'Ovide est au contraire très consciente de son comportement criminel. Elle considère d'un regard froid, vigilant et orgueilleux toute l'ampleur de ses actes, elle voit aussi qu'à l'avenir elle n'a plus d'autre choix que de suivre la voie dans laquelle elle s'est engagée. La seule chose qu'elle ne se pardonne pas est d'avoir été assez naïve pour se lier à Jason (comme vous l'avez souligné) ; elle accepte avec stoïcisme les conséquences de cet aveuglement. Selon Pamela Hansford Johnson,

Myra Hindley supportait, « non sans un certain mépris pour l'assistance, le poids de sa corruption ». Qu'elle ne pût comprendre l'ampleur de ses crimes tenait d'une part à ses propres limites intellectuelles et d'autre part à son incapacité à mesurer le sadisme de Brady. En revanche, la Médée d'Ovide est parfaitement maîtresse de la situation. Les meurtres qu'elle a commis comptent moins pour elle que le fait de n'avoir pas su juger comme il l'eût fallu les sentiments de Jason à son égard et les raisons qui l'ont poussé à lui demander son aide. Elle reconnaît sans réserve le caractère immonde de ces actes et de ceux qu'elle s'apprête à commettre maintenant qu'elle a appris l'infidélité de Jason. La Médée d'Ovide et Myra Hindley ont toutefois cela en commun qu'elles ne *sentent* pas l'aspect criminel de leurs actes, ne se montrent nullement bouleversées par le mal qu'elles ont fait. En d'autres termes, le fait que leurs actes soient enregistrés comme des actes *coupables* ne joue aucun rôle à leurs yeux. Cet état d'esprit distingue la Médée des *Héroïdes* de la plupart des interprétations dont ce personnage a fait l'objet. J'aimerais savoir si Ovide, dans sa tragédie à jamais perdue, a maintenu jusqu'au bout cette vision explicite, non mythologique mais au contraire presque réaliste, détachée. Dix-huit siècles après lui, votre compatriote Corneille rejoint à nouveau dans sa *Médée* la vision d'Euripide, il développe encore ce qui concerne son amour maternel et sa passion inconditionnelle pour Jason. Je ne peux m'imaginer, Madame, que vous n'ayez jamais vu cette pièce (écrite à peine cent ans avant votre époque). Médée fut en effet l'un des plus brillants rôles de l'actrice Mademoiselle Clairon qui remporta des triomphes à Paris au cours des dix ou quinze années que vous avez passées dans cette ville. Il existe une gravure la représentant dans la scène finale : un accessoire de théâtre, un char volant en forme de dragon, entouré de nuages orageux, entraîne Médée, tenant dans sa main un poignard ensanglanté, loin de Jason qui vient de dégainer son épée pour venger la mort de ses enfants.

Vous fréquentiez beaucoup le théâtre ; les milieux « prudes » considéraient les tragédies de Corneille et de Racine comme édifiantes : c'était pour vous l'occasion où jamais de joindre l'utile à l'agréable. Même si, sans aucun doute, il vous arrivait souvent de reculer votre siège dans le petit espace capitonné de rouge de votre loge pour converser agréablement avec vos amis sans être vue de la salle et sans pouvoir suivre vous-même quoi que ce soit de ce qui se passait sur la scène, il est inconcevable que vous n'ayez pas écouté et regardé au moins une fois avec la plus grande attention une représentation de *Médée*. Aussi me semble-t-il invraisemblable que vous ne nommiez pas cette œuvre de Corneille, lors même que vous vous plongez dans l'étude des diverses images qui ont été données de ce personnage. Vous me rétorquerez que vous souhaitez vous occuper exclusivement des Anciens. Peut-être avez-vous oublié Corneille parce que ses tragédies à lui accordent une place importante à Créüse, la nouvelle épouse de Jason, et parce que ce personnage, loin d'être antipathique, éprouve manifestement un amour sincère pour Jason ; agonisant dans la tunique empoisonnée que lui a offerte Médée, Créüse retient Jason de se précipiter chez Médée pour la punir de son crime : « *J'aime mieux voir Jason que la mort de Médée* *. » Est-il exagéré de supposer que vous n'avez pu vous souvenir des pièces de Corneille parce que les personnages et la situation vous auraient forcée à penser aux dangereux rapports que vous entreteniez, Valmont, vous-même et madame de Tourvel, une femme qui possédait indéniablement des traits de caractère de Créüse ? Puisque je parle de Corneille, Madame, quel coin obscur de votre conscience fait que, cherchant initialement dans la littérature des femmes fortes qui ne soient pas mauvaises, vous ayez ignoré Chimène, l'amante du héros du *Cid*. En elle, vous avez pourtant dû trouver, ce me semble, des traits qui vous étaient agréables. J'ose même prétendre que l'on pourrait qualifier votre liaison avec Valmont de version « dégénérée » du XVIIIe siècle de la lutte héroïque que mènent Chimène et Rodrigue. Cet amour-là est lui aussi une joute à la vie et à la mort, et les deux héros sont de la même trempe :

> De quoi qu'en ta faveur notre amour m'entretienne,
> Ma générosité doit répondre à la tienne :
> Tu t'es, en m'offensant, montré digne de moi :
> Je me dois, par ta mort, montrer digne de toi.

Aussi paradoxal que cela puisse paraître, Rodrigue et Chimène semblent de plus en plus être faits l'un pour l'autre à mesure que leurs paroles et leurs actes – mais surtout leurs paroles – creusent davantage le fossé qui les sépare. Jamais, nulle part, Chimène n'est de ces êtres qui sont seulement magnanimes ou mièvres et vous déplaisent tant dans les œuvres littéraires, et l'on ne peut non plus la qualifier de virago. Bien que vous accueilliez sans doute d'un sourire ironique et d'un haussement d'épaules ces façons chevaleresques d'un autre âge destinées à défendre l'Honneur, le Devoir et la Gloire, je n'exclus pas la possibilité que, tout au fond de votre cœur, vous ayez un jour souhaité vivre dans un temps et un entourage où régnaient ces rigoureux principes formulés dans une langue aussi claire et dure. (J'ai du reste cru déceler quelque chose de ce genre dans vos commentaires sur le roman de madame de La Fayette.) Chimène est, de toute évidence, l'égale de Rodrigue ; tous deux rivalisent de courage et de fidélité au code de la chevalerie. Ils ne font pas la moindre concession à l'attirance érotique pourtant puissante qu'ils éprouvent l'un pour l'autre. Je vous accorde, Madame, que la fanatique résistance verbale de Chimène semble peu naturelle ; mais étiez-vous, vous-même, naturelle, dans votre boudoir, disputant, tendant des pièges, brisant des cœurs, vous, avec vos manières exquises, votre raffinement dans l'art de converser, ravissante à voir et à entendre, mais en même temps aussi perfide qu'une arme à double tranchant cachée dans un bouquet ou que le poison versé dans une coupe d'hydromel ?

Vous avez nommé Marivaux comme exemple d'un auteur qui vous agrée. Une fois de plus, je vous prends en flagrant délit de négligence, une négligence éloquente ! Vous avez vu des comédies de cet auteur, dites-vous ; vous ne pouvez donc pas manquer d'avoir assisté à sa pièce la plus célèbre, *Les Fausses Confidences*, écrite en 1737 : une représentation pétillante d'esprit autour d'une jeune et belle veuve qui, avec autant de charme que de tact, conquiert l'homme d'abord inaccessible de son choix ; et cela, dans le *mariage*, Madame, une union qui, en tout cas (vu la peine qu'elle se donne), n'était *pas* une petite affaire pour cette séduisante et intelligente héroïne, et donc sans doute aussi pour son créateur, Marivaux. Cette représentation théâtrale fournit la preuve flagrante qu'il était parfaitement possible d'être sérieux dans un cadre d'élégance mondaine, et même d'intrigues badines au goût du jour, où les formes étaient scrupuleusement respectées ; possible également de faire accepter (comble d'habileté) ce qui, dans la pratique, était considéré à votre époque comme irréalisable et scandaleux – le mariage, comme dans le cas présent, d'une aristocrate avec un homme de beaucoup plus basse extraction. N'avez-vous jamais secrètement envié cette Araminte ?

8. La marquise de Merteuil

Je ne crois pas posséder ce que l'on appelle communément une « conscience ». Je ne décèle rien en moi de cette prétendue voix intérieure, non plus que d'une aversion instinctive pour le crime. Personne ne peut m'empêcher de faire ou de ne pas faire quelque chose sous prétexte que ce serait « mal » (du reste, qu'est-ce que cela veut dire ?), mais seulement parce que ce serait contraire au bon sens, ou pourrait finalement me nuire. Si j'ai regretté après coup d'avoir dicté à Valmont la lettre d'adieu destinée à l'Autre, ce n'est pas parce qu'*elle* a souffert, mais parce que je n'ai pas prévu sa réaction et l'effet qu'elle produirait sur Valmont. Je peux dire que je n'éprouve aucune pitié pour une femme adulte qui a choisi de vivre d'illusions, non plus que pour une jouvencelle comme Cécile Volanges qui fut avant tout victime de sa propre curiosité et de sa coquetterie. Suis-je mauvaise parce que l'une manquait de sens des réalités et l'autre était incapable de se dominer ? Jamais je n'aurais utilisé une violence brutale, ou encouragé les autres à en faire usage, si je n'avais pu atteindre mon but en m'attaquant aux points faibles de leur nature ; simplement parce que la violence, sous quelque forme que ce soit, me répugne. Est-il donc interdit de percer à jour le faux-semblant, l'aveuglement ? Ce que j'ai fait n'était aucunement contraire aux lois de la logique. Observer, voir clair dans les caractères et les situations et, ensuite, agir pour la plus grande satisfaction de soi sur la base de ces observations, n'est-ce pas là le pouvoir par excellence de quiconque ne dispose d'aucun autre moyen concret de puissance sociale ?

Pendant une nuit d'insomnie, j'ai laissé défiler dans mon esprit quelques femmes célèbres dans le monde entier, c'est-à-dire dont chacun connaît le nom depuis des siècles. Naturellement, ce furent surtout des princesses, en tout cas des femmes revêtues d'un pouvoir temporel, qui avaient de l'influence et de l'autorité dans les affaires des hommes. Ce qui m'a frappée c'est le nombre d'entre elles dont l'image est déterminée par des traditions de scandales, de débauche, de meurtres, de trahison et de violence. Presque toujours il est fait allusion à leur extraordinaire sensualité ou immoralité. Sémiramis, Cléopâtre, Messaline, Poppée, la Bysantine Theodora, la Mérovingienne Frédégonde, Lucrèce, fille du pape, Marie Stuart d'Écosse, toutes passent pour des séductrices, sont tristement célèbres pour le talent qu'elles déployaient à tramer des ruses, à préparer des poisons ou à se faire instigatrices d'attentats ignobles.

Je me demande s'il est possible à une femme d'acquérir une place dans les annales de l'Histoire autrement qu'en choquant ses contemporains. Lorsqu'une femme veut que l'on se souvienne d'elle, il semble qu'elle soit contrainte de se livrer à des comportements spectaculaires et même scandaleux. Les femmes

« bonnes » de l'histoire n'ont pas de nom, en d'autres termes, elles n'apparaissent pas dans les chroniques, à moins d'être canonisées comme Élisabeth de Thuringe, ou d'avoir été mère d'un saint ou de célébrités, comme sainte Monique, qui enfanta saint Augustin, ou sainte Hélène qui mit au monde Constantin le Grand (et découvrit, dit-on, l'endroit où se trouvait la Croix) ; ou bien elles étaient les compagnes de héros et de monarques ; et ce que l'on peut dire de mieux à leur sujet, c'est, comme les Lacédémoniens des vers célèbres sur la bataille de Marathon, « qu'elles ont obéi aux lois ». Lorsqu'une femme règne par son intelligence et sa détermination (à condition qu'elle ne soit pas excessivement dotée des attraits habituels de notre sexe), on la loue, mais on doute de sa féminité. N'a-t-on pas prétendu d'Élisabeth Ire, reine d'Angleterre, qu'elle était un homme déguisé, et dépeint Christine, reine de Suède, comme une femme froide, asexuée ou sensible seulement au saphisme ? Catherine Sforza, qui défendit victorieusement la forteresse de Forli il y a trois cents ans, n'était-elle pas appelée la « virago » ? Jeanne d'Arc ne put être acceptée que comme sorcière ou sainte, non pas comme une femme vierge, ayant ses propres idées et une autorité hors du commun en matière de stratégie et de politique. L'actuelle impératrice de Russie, Catherine, est, dit-on, l'un des esprits les plus perspicaces de notre siècle, une femme qui non seulement règne avec intelligence et énergie, mais écrit aussi des ouvrages philosophiques et même des œuvres dramatiques. Aussi ne se prive-t-on pas – ce même « on » qui lui octroie volontiers le prédicat de « grande » – d'attirer constamment l'attention sur son prétendu besoin de domination dans ses rapports amoureux, et de rire sous cape de la jeunesse de ses favoris. Ce que l'on trouve naturel chez chaque dominateur du sexe masculin, au point que la position sociale de sa maîtresse déclarée est, à une près, la plus élevée que puisse atteindre une femme dans le royaume de France, devient source de quolibets à peine déguisés et de dégoût dès qu'il s'agit d'une *dominatrice*. En revanche, on ne considère pas comme dégradant que de jeunes aristocrates du sexe féminin, poussées par leur entourage ambitieux ou par leur propre désir de connaître la gloire de la vie de cour, se laissent manœuvrer dans le lit d'un homme dont elles savent seulement, ou veulent seulement savoir, qu'il est le roi, le détenteur suprême du pouvoir. Ce que j'ai toujours trouvé profondément décourageant pour notre sexe, ce sont les récits de l'ascension et du déclin de ces dames. D'abord fêtées, adulées, comblées de faveurs, d'objets précieux, de titres, puis confrontées journellement aux intrigues d'ennemis et de rivales, exposées aux offenses et aux humiliations, contraintes à une ostentation sans limites, forcées de supporter des accouchements, des fausses couches et autres maux et désagréments, sans jamais manquer d'attention pour leur royal amant ni de discrétion à l'égard de sa famille et de la Cour ; et, pour finir, souvent répudiées du jour au lendemain, remplacées par une nouvelle favorite, évincées avec une pension pour toute consolation, expédiées sans ménagements dans quelque domaine campagnard ou dans un couvent. Le pouvoir d'une maîtresse dépend des faveurs sexuelles du roi, tout comme le pouvoir des hôtesses de salons littéraires dépend de l'estime accordée par les savants ou autres hommes célèbres au climat intellectuel régnant, c'est-à-dire de l'estime qu'ils s'accordent les uns aux autres.

Une nuit que le sommeil me fuyait, j'ai songé qu'il n'y avait pas lieu de s'étonner du caractère secret des forfaits commis par des femmes. Ce caractère secret (une nécessité, là où la puissance et la force physique font défaut) donne à leurs actes un arrière-goût de perfidie qui suscite tant la colère et le mépris des hommes. Qui est obligé de chercher dans l'ombre des moyens et des possibilités ne peut se permettre de faire le délicat. Lorsque madame de Montespan, après s'être sentie durant des années assurée de la passion du Roi-Soleil et convaincue de son respect, parce qu'elle était, en fin de compte, la mère d'une demi-douzaine de ses enfants, découvrit qu'il commençait à se lasser d'elle (elle « avait fait son temps »), elle s'adressa, comme le font dans leur désespoir tant de femmes stupides, à une escroqueuse et empoisonneuse, la Voisin, afin d'obtenir un philtre. Dans ma jeunesse, on évoquait encore souvent cette sordide affaire qui s'était produite un demi-siècle plus tôt. Je me suis laissé dire qu'à la Cour, sous l'influence de l'Italie, il n'était pas rare de liquider ses ennemis personnels au moyen de gants, de parfums ou de friandises empoisonnés. Le plus souvent, on évitait soigneusement d'ébruiter ce genre d'opérations, étant donné que des courtisans *masculins* notables y étaient mêlés. Les démarches impulsives et imprudentes de madame de Montespan eurent pour conséquence d'étaler au grand jour l'existence à Paris du monde interlope des praticiens de la magie noire. Je ne sais ce qui est le plus dément et le plus stupéfiant : la crédulité des dames qui payaient des fortunes pour toutes sortes de breuvages destinés à s'attacher pour toujours le bien-aimé (tous les grands noms de France étaient représentés dans les procès-verbaux) ou les pratiques odieuses de la Voisin lors de la préparation et de la « consécration » de ces breuvages et de ces poudres. Assurément, ces histoires de messes noires jouèrent un rôle dans la décision que je pris dès cette époque de ne jamais compter que sur mon intelligence pour atteindre le but que je m'étais fixé. Du reste, j'estime aussi que l'art de la tromperie (notez bien que je ne parle pas de malfaisance) est l'arme légitime de nous autres femmes à qui est interdit le port de l'épée, du poignard et des pistolets et à qui l'on fait croire, depuis la nuit des temps, que son « honneur » se situe exclusivement dans ce qui est caché, à savoir dans son sexe !

9. A la marquise de Merteuil

Dans votre jeunesse, Madame, la France vivait sous le signe de madame de Pompadour. Tout ce qui la concernait était si connu de tous que vous, si vous l'aviez souhaité, vous auriez pu analyser sa carrière en tant qu'exemple de ce que peut atteindre une femme capable de mettre son intelligence et sa créativité au service de sa féminité. Jamais encore une bourgeoise n'avait pu s'élever au rang de maîtresse en titre du roi, qui plus est conserver plus de vingt ans la position de compagne non officielle pour la durée de sa vie. Elle réunissait en sa personne les fonctions de confidente, d'amante et de ministre. Comme vous le savez, ce statut de personne exceptionnellement influente n'avait pas été offert à Jeanne Antoinette Poisson sur un plateau d'argent. Dans l'une de vos lettres des *Liaisons dangereuses*, vous écrivez : « Je peux dire à juste titre que je suis ma propre création. » Elle aussi pouvait sans exagérer employer ces mots. A certains égards, il est possible d'établir un parallèle entre sa manière d'exploiter les moyens dont elle disposait et la vôtre. Elle était comme vous gracieuse, spirituelle, vivante, avait une solide intelligence, un goût parfait et mille talents qu'elle avait cultivés dès le plus jeune âge, parce qu'elle ne doutait pas un instant qu'elle fût promise à un brillant avenir. Elle se laissa marier (par l'entremise d'un richissime ami de ses parents) à un jeune patricien ; elle avait une résidence à Paris, un château à la campagne, des carrosses et un équipage, des bijoux et les toilettes les plus élégantes de son temps ; elle chantait, dansait et avait un théâtre privé où elle interprétait des rôles en actrice accomplie ; elle tenait également un salon littéraire fréquenté, entre autres célébrités, par Voltaire. (Cela n'est sans doute pas nouveau pour vous, mais vos déclarations sur les maîtresses des rois de France me portent à croire qu'à l'époque vous avez considéré cette représentante particulière du genre avec un mélange de dédain et de tolérance amusée, sans toutefois vous intéresser sérieusement à sa personnalité.) Sa réputation d'hôtesse et d'invitée attachante lui valait d'être reçue dans les salons aristocratiques. Voisine du roi (sa maison de campagne jouxtait le terrain de chasse du monarque), elle était autorisée à suivre à distance le roi et son escorte lorsqu'il chassait le cerf. Mais elle ne suivait pas, elle s'arrangeait pour le rencontrer régulièrement, toujours élégante et gracieuse dans sa calèche découverte attelée de chevaux qu'elle conduisait elle-même. (Vous avez certainement entendu parler de cette anecdote dans votre enfance ! Le roi demanda qui était cette apparition, une nymphe d'Artémis ou la déesse elle-même ? Par la suite, il lui envoya de temps à autre du gibier pour ses cuisines.) Plus tard, elle fut signalée aux bals de la Cour ; le roi dansa avec elle. Elle devint une habituée de Versailles. Au bout de quelques mois, elle occupa définitivement une suite au-dessus des appartements de Louis XV. Lorsque vous fîtes la connaissance de la favorite du roi, sa fin était proche. Malgré sa santé déficiente, elle resta fidèle au poste et continua, avec une énergie incroyable, à tenir son rôle, qui était en fait celui de première dame de France : pour le roi une compagne enjouée indispensable, pour les hommes politiques une médiatrice pleine de tact, pour les artistes une commanditaire compétente et généreuse. Souvent, dans les premiers temps de votre mariage, parcourant les galeries ou les vastes terrasses de Versailles où votre époux vous avait emmenée pour vous présenter à ses connaissances, vous avez dû faire une profonde révérence sur le passage du roi accompagné de cette femme à la taille déliée, fragile et blanche comme de la porcelaine sous son rouge, mais chez qui l'on devinait toujours une volonté de fer et un intérêt intense pour tout ce qui se passait. L'impression que faisait son apparition (un triomphe d'art vestimentaire, comme en témoignent ses portraits) et son sens désarmant de l'humour coupaient court à toutes les railleries et critiques de vos semblables. N'avez-vous rien appris de cette maîtrise et de ce goût devenus proverbiaux ? Madame de Pompadour mourut en 1764 ; je suppose que précisément à ce moment-là vous viviez en province, au château du marquis de Merteuil. Même dans cette région de la Drôme, à l'annonce de ce décès, la population se sera sûrement intéressée à la question de savoir qui devait lui succéder : affaire très actuelle étant donné que de nombreuses nominations et faveurs étaient exclusivement réglées par l'entremise de la *maîtresse en titre** (je ne vous apprendrai rien en évoquant la concurrence acharnée à laquelle se livraient les dames de haut rang et de talent qui convoitaient cette fonction). Naturellement, il ne vous est pas venu un seul instant à l'esprit de briguer cette place, même si vous disposiez des qualités requises pour pouvoir y prétendre (il est vrai que le roi chérissait plus que tout la chaude intimité du foyer, ce qui n'était pas spécialement votre fort). Madame de Pompadour était incontestablement le parangon d'une réussite sociale sans précédent pour une femme vivant dans la réalité du XVIIIe siècle. *Vous*, Madame, vous n'avez été possible que dans la fiction. Votre créateur Laclos a parfaitement senti qu'en son temps une femme qui voulait ce que vous vouliez ne pouvait opérer à visage découvert. Le côté secret, artificiel, de votre existence vous avait été imposé par votre milieu, qui n'appréciait la femme qu'en tant qu'objet de jouissance. Peut-être êtes-vous, par-dessus tout, le symbole d'une corruption raffinée, d'une altération des dons de l'esprit et du sentiment. Madame de Pompadour devait surtout son succès à sa mentalité de bonne bourgeoise, à qui l'on avait appris que la dignité de l'individu repose sur le respect du naturel, la noblesse de cœur et l'ardeur au travail. Vous, l'aristocrate née, vous êtes devenue en grandissant – en partie inconsciemment, par dégoût des vertus d'une classe en développement – une Pompadour *négative* régnant sur un royaume fantôme qui entraîna la perdition de vos congénères et de vous-même.

Vous avez cité quelques exemples de femmes tristement célèbres de l'Histoire, toutes personnes haut placées, impliquées dans des scandales politiques ou de cour, et donc également concernées par la manière dont ce genre d'affaires se réglait habituellement dans un lointain passé. En tant que *femmes*, ces dominatrices se seront, en toutes circonstances, senties menacées ; peut-être est-ce pour cette raison qu'elles se sont servies relativement plus souvent que les hommes d'armes secrètes dans des occurrences comparables. Mais doit-on les qualifier de criminelles ? Remontant jusqu'à la nuit des temps, je vois, derrière madame de Montespan, se dresser un cortège de femmes qui, par peur d'un chagrin d'amour ou par désespoir de n'être plus aimées, furent capables de commettre ou de permettre des crimes. Méritaient-elles pour autant d'être considérées comme de mauvaises femmes ? La Voisin, une femme du peuple rusée qui, avec ses complices, parvint à convertir en espèces sonnantes et trébuchantes les émotions d'une classe disposant de plus de temps et d'argent qu'il n'en fallait pour s'offrir des aventures galantes, cette femme appartenait-elle vraiment à la race des criminels ? Je m'étonne, Madame, que vous ne souffliez mot de la marquise de Brinvilliers qui, à la fin du XVIIe siècle, lors de l'affaire des Poisons, fut décapitée et brûlée à Paris sur la place publique. Elle avait empoisonné à l'arsenic son père, ses deux frères et plusieurs autres personnes de son entourage. Ses motifs – une plus grande part de l'héritage et une exaspération suscitée par des offenses personnelles – sont hors de proportion avec ses méthodes et les résultats qu'elle obtint. Elle est décrite comme une petite femme frêle, charmante, une blonde aux yeux bleus, aristocrate jusqu'au bout des ongles, qui, comme un ange charitable, vaquait à travers les quartiers pauvres de Paris, où elle distribuait de la nourriture préparée avec du poison, afin de pouvoir étudier sur le terrain les effets de doses différentes. Plus tard, pendant son procès et son incarcération, des gens qui pourtant ne pouvaient plus croire à son innocence manifestèrent encore la plus grande admiration pour son courage et sa présence d'esprit. Même dans la chambre de torture, elle fit preuve d'une ironie distante. Lorsqu'elle fut conduite sur le lieu de l'exécution, elle commenta froidement la « curiosité maladive » de la foule qui était accourue. Peut-être avons-nous affaire dans son cas à une forme d'insensibilité qui, à mon époque, constitue ce que l'on appelle un trait spécifique du vrai caractère criminel.

La délinquance féminine est un terrain encore en grande partie inexploré. Tant que la femme était considérée comme un être inférieur à l'homme et dépendante de lui, ne possédant aucun droit mais exclusivement des devoirs domestiques (et parfois aussi religieux), il n'y avait pas lieu d'envisager qu'elle pût être criminelle et par conséquent tomber sous le coup de la justice temporelle et être passible d'une peine. Dans l'Antiquité et au Moyen Age, les femmes étaient en effet jugées à l'intérieur de leur maison, c'est-à-dire par leur propriétaire légal, leur époux et les membres de sa famille. Seul l'individu libre d'agir ou non et en outre jugé responsable de ses actes peut commettre un crime. Dans l'une de vos considérations, vous avez dit quelque chose qui m'a frappée : on dit des femmes qu'elles sont *mauvaises* quand elles réagissent par des actes. Si les femmes peuvent être officiellement inculpées et condamnées, cela signifie-t-il qu'elles soient considérées comme capables d'agir et que leurs faits et gestes soient pris au sérieux ? Depuis la fin du Moyen Age jusqu'à votre époque ont eu lieu des procès en sorcellerie dans lesquels les accusés – pour la plupart des femmes – comparaissaient non pas pour ce qu'ils avaient fait, mais pour ce qu'ils étaient, ou plutôt pour ce que les autres choisissaient de voir en eux. En un temps où l'on manifestait un intérêt croissant, mais loin d'être accepté par tous, pour les secrets du corps et de l'esprit, les femmes (considérées de longue date comme l'incarnation de la Nature, de l'irrationnel) avaient le triste privilège d'être redoutées par les timorés, comme étant les « êtres fragiles » dont parlent les Évangiles, vulnérables aux suggestions du Malin. J'ai entendu récemment défendre la thèse selon laquelle la peur de la concurrence chez les alchimistes masculins serait à l'origine des persécutions des « sorcières ». Venait s'y ajouter un élément que vous avez déjà signalé en passant : les femmes qui se distinguent par leurs attraits (vite qualifiés de provocants) ou par une personnalité forte ou originale sont susceptibles d'éveiller des sentiments extraordinairement négatifs. Toujours, le facteur sexe joue un rôle dans l'appréciation. Il existe une tendance à soupçonner les femmes qui attirent l'attention de quelque manière d'avoir une sexualité « anormalement » développée ou tout simplement déréglée. Il n'y a pas si longtemps, en Allemagne, un avocat déclarait dans un procès retentissant qu'« une femme qui mène une vie sexuelle libre peut être jugée capable de commettre des crimes ».

Étant donné que, en général, l'acte criminel est considéré comme une forme typiquement masculine de comportement négatif, une manifestation de protestation et d'agression propre à l'homme, il va de soi que – du moins il y a peu de temps encore – une femme qui s'était rendue coupable d'un grave délit ne pouvait être regardée comme une « vraie » femme. Depuis que l'on s'intéresse sérieusement à ce problème (environ un siècle), les savants qui se penchent sur le crime ont avancé une série d'arguments pour prouver que (et expliquer pourquoi) la criminalité chez les hommes et celle que l'on rencontre chez les femmes ne pouvaient être comparées. On se heurte alors à des affirmations contradictoires. La femme, du fait de son cerveau plus petit, aurait une structure mentale plus simple, ce qui signifierait qu'elle ne prend pas aussi rapidement l'initiative et montre moins de tendances et de dispositions à atteindre les degrés extrêmes du génie ou de la folie; d'une part, elle aurait par nature une plus grande faculté d'adaptation, répugnerait à la violence du fait de sa force physique restreinte, serait plus réservée et pudique, ce qui la retiendrait de se livrer à des actes amoraux; d'autre part, elle serait plus proche de l'homme primitif que le mâle et par conséquent moins dégénérée que lui pour en arriver à un comportement criminel : l'hypocrisie et la tromperie sont pour ainsi dire innées en elle; s'il arrive qu'elle glisse sur une mauvaise pente, elle fait alors montre de plus d'endurance et de ténacité; vivant (le plus souvent du moins) dans l'intimité relative du cercle de famille, la femme qui commet un crime dans cette ambiance est rarement prise sur le fait ou même soupçonnée; les crimes féminins sont indirects : incitation, influence négative, complicité à l'arrière-plan; la femme criminelle n'est pas reconnue comme telle, elle reste hors d'atteinte.

J'ai été frappée de constater combien de fois la prostitution était appelée la forme la plus caractéristique de la criminalité féminine.

Il n'y a pas si longtemps, les actes criminels perpétrés dans la *violence* par des femmes entraient essentiellement dans la catégorie des « crimes passionnels » et étaient – notamment dans votre pays, la France – habituellement punis d'une peine assez clémente. Presque toujours, en effet, la « jalousie » était invoquée, cette regrettable réaction de la femme à un comportement considéré comme typiquement masculin. L'émotivité de la femme, son incapacité à se montrer compréhensive justement dans ce domaine comptaient comme circonstances atténuantes. De nombreuses suspectes ont ainsi tiré avantage de facteurs au fond négatifs tels que le sentiment secret de culpabilité chez l'homme et la nette discrimination à l'égard de la vie affective de la femme.

C'est seulement à une date récente que l'on s'est intéressé à l'amère souffrance morale que l'on baptisait souvent à tort jalousie. Le crime dans lequel cette douleur – hélas ! – cherche un exutoire est alors moins une mesure de représailles que le dernier cri-pour-être-entendu d'une personne qui croit sentir le sol se dérober sous ses pieds. La jalousie amoureuse de la femme devrait justement être l'occasion de se demander sérieusement ce que signifie au fond la perte réelle ou prétendue de l'autre. N'est-il pas injuste de vouloir toujours chercher des explications dans le besoin de posséder ou la soif de dominer chez la partenaire jalouse ? (Pour celui qui est las de quelqu'un, toute tentative de rapprochement de la part de l'autre est vite ressentie comme importune et contraignante.) Les scènes et les éclats ne sont-ils pas souvent des efforts désespérés pour rétablir la communauté, l'unité dans la dualité qui existait ou semblait exister auparavant, et pour éveiller la *compassion* de l'autre ? Pour celui ou celle qui aime, l'expérience fondamentale est le sentiment d'accomplissement. J'ai lu un jour : l'amour est le passage du non-être à l'être. Lorsque l'on découvre que cet état d'accomplissement est en train de se décomposer, la douleur qui en découle est inhumaine. On se sent évincé, perdu, le cœur se serre, c'est le vide, la chute. Je pourrais vous citer de nombreux exemples de réactions féminines devant la destruction de leur amour, basés sur les comptes rendus de procédures pénales portant sur les cent dernières années. Mais, Madame, comment pourrais-je vous donner une idée de la vie du citoyen moyen, si longtemps après votre époque ? Non seulement le climat social et les circonstances individuelles mais encore et surtout les pensées et la mentalité des gens d'aujourd'hui sont pour vous inconcevables. L'exaltation romantique des sentiments, le refoulement des passions de l'ère victorienne, les vagues successives d'émancipation sociale et spirituelle qu'a connues mon siècle, ce sont là autant de facteurs qui ont influé sur un comportement inexplicable à vos yeux. Les femmes déclarées coupables auxquelles je faisais allusion considéraient dans la plupart des cas la liaison avec un homme, un seul homme, comme déterminante pour le sentiment qu'elles avaient d'être une personne à part entière, d'occuper une place bien à elles, irremplaçable, dans la société ; aussi étaient-elles incapables de supporter l'infidélité et / ou l'abandon (c'est-à-dire le mépris de l'homme pour ce qui était l'essentiel de leur vie à elles). Ce qui était frappant dans ces affligeantes histoires, c'était en général la faiblesse, la lâcheté, l'indifférence ou simplement la dureté de cœur des hommes en question. Certains criminologues prétendent que les femmes capables de commettre des crimes sont précisément celles qui tombent sous le charme d'hommes veules ou même désaxés. Ce choix permet-il de conclure que « qui se ressemble s'assemble », et que ces femmes sont par nature désavantagées ? Ou appartiennent-elles à ces personnes qui ont si peu de confiance en soi, sont si peu sûres d'elles-mêmes ou ont une éducation si défectueuse ou des antécédents si fâcheux qu'elles peuvent se livrer tout entières au premier venu (la plupart du temps le plus vil) qui leur accorde ou semble leur accorder quelque attention ? Les hommes qui, dans leurs rapports avec des femmes plus indépendantes, moins vulnérables, s'étaient manifestés comme des personnalités plus ou moins falotes et même inhibées se voient soudain revêtus d'une supériorité, d'un pouvoir qui leur monte d'abord à la tête, mais ne tarde pas à leur peser, leur fait peur et assez fréquemment éveille en eux les instincts les plus bas. Vous avez dû savoir, vous aussi, que les victimes nées et les tourmenteurs par impuissance réussissent toujours à se rencontrer, que ceux qui sont torturés peuvent devenir des bourreaux, qui à leur tour finissent en victimes, car ce cercle vicieux est de tous les temps.

Que devrais-je encore dire, Madame, de la criminalité « féminine » ? Je suis de celles qui cherchent à comprendre les mobiles des actions humaines par un intérêt personnel, mais je ne suis pas une professionnelle de l'âme ni du crime. En outre, je n'ai ni la formation ni l'expérience nécessaires en matière de justice pénale. Voleuses, escroqueuses : ce sont des qualifications qui sont moins couramment employées à mon époque et – surtout – conduisent à des châtiments beaucoup moins radicaux qu'à la vôtre. Voler par indigence, voler pour apaiser une faim intérieure sont des formes de comportement asocial considérées aujourd'hui plutôt comme un accident ou une maladie que comme des actes criminels. Les femmes qui volent dans les magasins sont souvent victimes de publicités tapageuses et d'étalages tentants, ou encore de dérèglements de ce que *vos* médecins désignaient sans doute sous le terme d'« humeurs intimes » ; les femmes (et pas seulement elles) qui se livrent à l'escroquerie cherchent souvent, dans un excès d'imagination, une compensation au fait qu'elles n'ont pas eu la possibilité de suivre une formation ou de s'épanouir, pour autant qu'elles ne sont pas déséquilibrées. (Et ce dernier aspect, Madame, n'est pas comme de votre temps une source de divertissement public.) Des empoisonneuses, je pourrais vous en citer à profusion, depuis Gesche Gottfried, l'Allemande de sinistre réputation du début du siècle dernier, en passant par votre compatriote Marie Besnard qui, il y a quelques décennies, extermina la moitié de sa famille, jusqu'aux femmes qui utilisent des produits récemment découverts, destinés à détruire la vermine et les mauvaises herbes dans l'agriculture, pour faire mourir des proches qu'elles haïssent. Ce genre de crime est le plus souvent inspiré par le goût de l'argent, pour accroître des possessions.

Un changement s'est également opéré en ce qui

concerne l'idée que les femmes ne sont jamais ou presque capables de violence directe, de meurtres et d'homicides au moyen d'armes à feu ou d'armes blanches, depuis que les femmes participent de plus en plus à ce que l'on appelle aujourd'hui en politique l'action directe. Même de *votre* temps (et auparavant), des femmes ont parfois pris les armes contre ceux qu'elles considéraient comme les ennemis du peuple, du progrès ou qui défendaient l'Ordre et le Droit. Charlotte Corday, votre compatriote et contemporaine, assassina en 1793 le fanatique chef révolutionnaire Marat ; environ cent ans plus tard se produisit dans la Russie tsariste un mouvement de résistance : en majorité des jeunes gens, des étudiants, des intellectuels se livrèrent à des actes de violence pour renverser le pouvoir bureaucratique et militaire du régime et attirer l'attention du monde civilisé sur les différences encore totalement moyenâgeuses qui séparaient le peuple de la classe dominante ; parmi ces « terroristes » se trouvaient dès l'origine aussi des femmes. *Pétroleuses* était le nom que l'on donnait à la même époque, dans *votre* pays, aux femmes qui prenaient part à des attentats et allumaient des incendies dans le cadre d'actes de sabotage. Au siècle où je vis, les femmes ont largement participé aux révolutions, soulèvements, actions militaires officielles ou illégales. Le fait que de plus en plus de femmes sont impliquées dans des attaques à main armée, rapts d'enfants, enlèvements et autres violences (le plus souvent dans un but politique ou en tout cas idéologique) est considéré par les experts comme le signe d'une émancipation en plein développement. Souvent, dans ces manifestations d'agression, les sentiments de haine ou de vengeance à l'adresse d'une personne précise ne jouent aucun rôle ; il n'est pas rare que les victimes soient totalement inconnues des auteurs du crime. Peut-être ces actions directes, impersonnelles, au nom d'une idée ou d'une théorie, signalent-elles un nouveau type de comportement chez les femmes. Ou faut-il seulement y voir une preuve qu'à ce stade la femme ne peut encore agir qu'au niveau le plus bas, celui de la complicité dans la violence, où elle peut être l'aide ou la camarade de l'homme ? On a en tout cas fait remarquer que les femmes impliquées dans de telles actions terroristes avaient presque toujours une liaison amoureuse, en tout cas sexuelle (souvent sous la forme d'une dépendance infantile), *avec* des dirigeants ou autres membres masculins du groupe. En soi, ce phénomène ne me semble pas nouveau ; dans le monde du crime brutal, les maîtresses et parentes de bandits et de gangsters ont toujours coopéré, comme s'il s'agissait d'une entreprise. Ce qui est nouveau, c'est seulement la croissance rapide du phénomène dans tant d'autres domaines, à côté de celui du Milieu reconnu.

Peut-on, Madame, comme on l'a déjà fait, *vous* accuser d'avoir un caractère criminel ? Vous avez incontestablement exercé une pression particulièrement funeste, même s'il ne s'agissait pas de violence physique, sur des gens qui ne vous avaient jamais fait de mal. Étiez-vous avant tout une *non-victime* contrairement à Cécile Volanges et à madame de Tourvel ? *Elles* incarnaient, pourrait-on dire, deux phases successives de la féminité à votre époque et dans votre milieu, alors que vous – consciente de pouvoir vous défendre – vous avez réussi à franchir ces étapes sans être dupée comme elles. Me trompé-je si je pense que votre déception, votre amertume, votre sentiment d'impuissance et de vide, disons même votre *jalousie*, Madame, en dépit des apparences contraires, n'en ont pas été réduites pour autant ?

Que n'avez-vous eu une confidente comme Belle Van Zuylen. L'exemple de cette aristocrate de langue française venue du pays à la lumière claire et froide aurait pu vous apprendre comment une femme, tout en étant passionnée, peut garder ses distances à l'égard de l'homme aimé, sans tomber dans une cruelle coquetterie ou dans la tromperie. Vous estimerez sans doute que celle qui devint plus tard madame de Charrière et vous-même constituez des grandeurs qui ne sont pas comparables, parce que cette femme n'était pas dotée d'un tempérament sensuel. Mais est-ce bien vrai ? Et l'on peut se demander si une femme comme elle aurait accepté de mettre son cœur à nu pour une femme telle que vous.

10. La marquise de Merteuil

L'imagination dont la Nature a doté l'être humain (et qui est loin d'être aussi développée en chacun de nous) peut être d'un grand secours lorsque l'on veut arrêter un projet ou le mettre au point, et aussi agrémenter considérablement les instants d'oisiveté. Que ne peut-on pas inventer ? Mais souvent – c'est du moins ce que m'a appris mon sens de l'observation – la capacité d'imaginer doit servir à remplacer des actes qui sont impossibles dans la réalité, et les images que l'on évoque en esprit s'avèrent être tout autre chose qu'un pur passe-temps. *Fantasmer* (car c'est ainsi que je veux appeler la production de fantasmes, par opposition au fait d'orienter ses rêveries vers un but précis) représente un grave danger pour les sensitifs. J'ai reconnu à temps ce piège. Déjà lorsque j'étais toute jeune, mon imagination, mon intelligence et ma curiosité intellectuelle allaient de pair ; cela m'a empêchée de devenir une Cécile Volanges, avec qui je partage sans nul doute un certain « naturel ». Elle n'a jamais entrepris de se connaître elle-même et de connaître les autres et ne savait pas se dominer ; une recherche du plaisir, trouble parce que inconsciente, amena cette jeune coquette à faire des sottises. A l'époque, elle bavardait avec moi comme une pie borgne ; je connaissais ses fantasmes, qu'elle présentait comme étant des songeries et des méditations. J'ai souvent été surprise de l'empressement avec lequel elle s'abandonnait à ce que, faute d'avoir appris à réfléchir, elle était incapable de se représenter – une disposition de la jeune promise de Gercourt qui m'arrangeait fort bien, vu le destin que je lui préparais. Je n'aurais pas davantage pu devenir une madame de Tourvel. Eh bien oui, *je l'appelle maintenant par son nom* : l'idée que quiconque puisse me soupçonner de « fantasmer » à son propos pour le simple fait que je ne voulais pas écrire son nom m'est profondément désagréable. Voilà : madame de Tourvel, donc. Mon besoin de tout analyser, mon regard et mon ouïe soigneusement aiguisés m'auraient, en toutes circonstances, retenue de tisser un réseau d'illusions autour de Valmont, comme elle le fit. Eût-elle possédé un seul grain de discernement, elle n'aurait jamais pu, compte tenu de sa situation et de son caractère, éprouver de l'amour pour Valmont. Son point faible fut justement cette incapacité de concevoir quel genre d'homme il était. Quant à Valmont lui-même, aurait-il été celui qu'il était s'il avait pu se représenter clairement comment sont les femmes et comment toutes celles qu'il appelait ses « objets » lui cédaient. L'aiguillon de l'imagination ne remplaçait-il pas, chez le Vicomte, une force intérieure créatrice, la capacité de faire d'une relation, d'une liaison, un tout aux nombreuses facettes, mouvant, changeant, qui conduit sans cesse à de nouvelles tâches et donc à l'épanouissement de soi ?

Je m'imagine la scène suivante : une Cécile Volanges

(mais sans la sensualité irréfléchie de cette petite créature) qui est devenue une madame de Tourvel (mais sans la noble droiture et les scrupules exagérés qui la caractérisaient) et à un moment donné s'unit à un Valmont qui, par manque de rouerie, ne parvient pas à mettre en pratique ses ambitions érotiques, est donc fidèle et, au fond, sentimental. Supposons maintenant que ce couple soit la proie de cette « imagination » décrite plus haut, ce qui signifie qu'ils ne se voient pas tels qu'ils sont réellement. Ce qu'elle ne peut se représenter au sujet de son partenaire est ressenti par elle comme quelque chose d'inexplicable, d'insaisissable; elle en éprouve alors par instants une vague angoisse: est-il vraiment heureux avec elle? Lui, de son côté, reproche à sa compagne, sans l'avouer, de ne pas réussir à lui faire oublier toutes les autres femmes, je veux dire: d'être incapable d'aiguillonner et d'activer sans cesse son imagination. Parfois, il ne lui pardonne pas de le prendre par les sentiments, car le sentiment mène à la considération, ce qui se fait au détriment de sa propre personne. Qu'il doive lui montrer de l'estime le rend irritable, qu'elle l'aime à la manière dont les femmes aiment lui pèse souvent. Supposons qu'un jour – peut-être lorsqu'il se rendra compte que l'heure est proche à laquelle « il aura fait son temps » – cet homme tombe éperdument amoureux d'une autre femme, ni meilleure ni pire que celle qu'il nomme la sienne, mais une inconnue, ce qui lui donne l'occasion de fantasmer, cette activité dangereuse qui, comme je l'ai déjà dit, remplace l'action réelle. (Le plus souvent, de tels rêveurs ne veulent à aucun prix que ce précieux produit de leurs fantasmes devienne réalité puisque rien ne peut surpasser l'imaginaire !) Supposons que l'homme en question chante en vers sa nouvelle dulcinée : conséquence de son fantasme. Toutefois, il ne lui envoie pas ses madrigaux, d'abord parce qu'il n'a pas le courage de dévoiler ses sentiments, ensuite parce qu'il ne pourrait supporter un éventuel refus, enfin parce que, en réalité, son but n'est pas d'entamer une (dangereuse !) liaison charnelle. La femme – qu'il continue à appeler sienne – découvre par hasard ses épanchements lyriques. Ne me demandez pas où ni comment : dans un tiroir qu'elle ouvre en cherchant un bâton de cire ou un cachet ; dans la poche d'une veste lorsque, attentionnée comme elle est, elle veut ranger convenablement le vêtement jeté négligemment quelque part ; caché entre les feuillets d'un livre qu'elle a pris en toute innocence sur un rayon. N'est-ce pas toujours ainsi que cela se passe ? J'imagine qu'une telle femme (ni ingénue, ni prude, ni stupide, mais trop sensible), qui a misé tout l'enjeu de sa passion sur la liaison avec ce seul homme et n'a jamais douté jusque-là de son amour, défaille presque sous le choc et la douleur : elle est littéralement frappée de stupeur. Elle n'en croit pas ses yeux (une fois de plus : parce qu'elle n'a jamais observé avec suffisamment de sagacité ses semblables non plus que ce qui se passait en elle) et, ainsi, son imagination se déchaîne. Agitée, soudain assaillie par le doute, elle questionne l'homme qu'elle aime ; compréhensible mais combien naïf ! Naturellement, il nie tout ; les poèmes qu'elle a trouvés se rapportent à des rêves, ils ont été copiés, empruntés à des poètes à la mode, ou traduits de l'espagnol ou du sanscrit, ou bien ce sont des vers de mirliton écrits à la demande d'un ami amoureux sans talent pour la prosodie, enfin que ne peut-on inventer en de telles circonstances ! Mais l'aiguillon est entré dans la chair ; la malheureuse femme ne peut se libérer de la méfiance qui est venue remplacer l'indéfinissable sentiment de malaise éprouvé auparavant. Si elle avait eu le bonheur de posséder une saine imagination, elle aurait pu calculer, en songeant aux inhibitions qui le caractérisaient, qu'elle n'avait rien à craindre ; il suffisait de lui fournir de quoi nourrir ses divagations de manière à le détourner de ses fantasmes : partir soudain en voyage pour aller voir des parents d'une province éloignée, quitter fréquemment la maison pour quelques heures sans prévenir et sans s'en expliquer après coup, délibérément détourner de lui son attention (sans parler d'autres moyens tels que des changements inhabituels de toilettes et de coiffure). Mais elle est droite (c'est ainsi que cela s'appelle), elle a horreur de ces petits artifices (qui, je dois l'avouer, réussissent à la seule condition que l'on soit capable d'en user à la perfection), elle ne maîtrise pas suffisamment ses sentiments pour élaborer une stratégie ; larmes, supplications, morosité, abattement, explosions de colère se succèdent. Supposons qu'il avoue finalement son infidélité en esprit, une infidélité qui occupe de plus en plus ses pensées (résultat inévitable de l'attitude qu'*elle* a adoptée). Mais, par discrétion, il refuse de dévoiler l'identité de l'autre. En revanche, il se laisse aller à fournir quelques détails sur le physique de cette dame, sans se douter combien les fantasmes de sa compagne se déchaînent sous l'effet de ces révélations. Ce qu'elle n'a jamais pu soupçonner en lui prend maintenant de telles proportions qu'elle se le représente comme un amant fougueux, mais animé d'une passion dont *elle* n'est pas l'objet ; un étranger séduisant qu'elle ne peut conquérir, alors que c'est exactement ce qu'elle voudrait obtenir. Sa vie devient un supplice. Partout où elle va, elle cherche la femme dont le visage et la silhouette répondent à la description qu'il en a faite et à laquelle elle veut se comparer dans l'espoir de découvrir en quoi elle le déçoit. Dix fois par jour, elle croit reconnaître l'autre dans un carrosse qui passe, à l'église, au bal, pendant une promenade. Elle en arrive à dévisager des inconnues, même à les suivre. Son entourage commence à la trouver excentrique. Lorsqu'elle est en compagnie de son mari, ses regards à elle suivent les siens ; elle voit un signe dans chaque sourire, chaque salut. Lorsqu'il n'est pas auprès d'elle, la magicienne qu'est son imagination fait surgir devant elle des rencontres aux couleurs de ses désirs secrets, avec tout ce qu'elle n'a jamais osé imaginer pour elle-même. Un mécanisme s'est déclenché que rien ne peut plus arrêter. La « flamme » née de l'imagination qui habitait l'homme (illusoire, rapide comme une fusée, une pluie d'étoiles multicolore qui s'éteint en sifflant) a trouvé sa contrepartie dans le feu dévorant qui maintenant embrase la femme. Celle qui réagit spontanément à tout ce qui lui arrive (dans le langage du sentiment, cela s'appelle « se donner corps et âme ») n'a de cesse qu'elle n'ait fait naître un état de prétendu abandon total et réciproque, propice aux confidences. Aveux, révélations des émotions les plus secrètes, reproches que l'on se fait à soi-même, promesses ! Quand je me représente ces scènes, je sais que les personnes concernées ne pourront aboutir à une solution heureuse (disons satisfaisante) que si l'un et l'autre parviennent à se libérer de leurs fantasmes. Je doute cependant qu'un homme ou une femme de cette sorte (ils sont nombreux) soit capable d'adopter une attitude rationnelle. Même *après* la grande scène de réconciliation, je ne crois pas que la femme soit à même de se rendre compte que l'escapade (qui ne mérite pas ce nom) était seulement le fruit de l'imagination de son compagnon. Pour elle, une autre existe, qu'elle veut à tout prix voir au moins une fois, ce qui exige des manœuvres compliquées si la dame en question n'appartient pas au cercle de ses connaissances et de ses relations. J'imagine aisément une femme confrontée à une situation aussi pénible ; elle est prête à tout, à se déguiser, à soudoyer des domestiques, à braver les quolibets et les dangers, à recourir aux démarches les plus extravagantes, pour pouvoir ne fût-ce qu'un instant apercevoir celle qui fut, en tout cas pendant un temps, l'objet de ses désirs à lui, l'incarnation de ce qu'elle-même n'est pas. Qui plus est, cette autre qu'elle a identifiée à la mort de son amour devient, en un mot, le symbole de la Mort elle-même. Le nom, les traits, les faits et gestes de l'autre, elle ne peut plus les bannir de ses pensées, et donc de son imagination. Il n'est littéralement rien sous le soleil qui ne lui rappelle d'une certaine manière l'existence de l'autre. Elle rêve la nuit de la rivale, qui n'en est pas une, et même lorsqu'il la prend dans ses bras elle se croit menacée par une ombre. Par toutes les fibres de son être, elle vit une passion qui ne joue plus aucun rôle pour lui ; et le côté tragi-comique de l'histoire est (comme toujours lorsque les pulsions et les craintes l'emportent sur la raison) que maintenant la situation est renversée et que ses états d'âme éveillent en lui, plus que jamais, l'agitation et le malaise ; forces qui, à leur tour, activent son imagination et l'éloignent d'elle à nouveau.

Les personnes à l'esprit lucide peuvent-elles fréquenter de telles natures sans les manipuler tôt ou tard ? Pour tirer quelque plaisir de leurs charmes éventuels, il suffit de stimuler leur imagination de la bonne manière. Le plus souvent, la lettre d'adieu selon le modèle éprouvé réussit, après le choc inévitable, à provoquer un instant de réflexion, mais on peut être sûr que les « victimes » (si du moins c'est le terme approprié) chercheront rapidement leur salut dans de nouveaux fantasmes. Madame de Tourvel, emprisonnée dans le carcan de noble dignité devenu pour elle une seconde nature, ne put s'imaginer qu'un tel traitement lui eût été infligé. Son imagination grossit dans de folles proportions la nature et l'étendue de ce qui lui arrivait et consuma toutes ses forces. Apathique, sans connaissance, elle sombra dans la mort. Au fond, Valmont a fait de même. Son valet Azolan, présent lors du duel fatal, persiste à dire qu'il n'a pas attaqué une seule fois, s'est à peine défendu, s'est pour ainsi dire exposé intentionnellement au coup mortel. Tout ce qui m'a été répété depuis me confirme dans ma conviction que lui non plus ne comprenait pas les circonstances dans lesquelles il se trouvait et qu'il était devenu la proie de fantasmes sous la forme de regrets, de honte et de remords. Hélas !

Je tiens à écrire ici une fois pour toutes, noir sur blanc, que je n'étais pas jalouse de madame de Tourvel, pour la simple raison que j'avais depuis longtemps une idée précise de ce qu'était cette femme. De ce fait, j'étais pleinement consciente de la différence qui nous séparait, elle et moi. Ni ma nature, ni quelque impulsion n'auraient pu m'entraîner dans une situation comparable à la sienne. Par l'opinion qu'il avait d'elle et la façon dont il l'évoquait dans ses lettres (« pour être adorable, il lui suffit d'être elle-même »), Valmont semblait suggérer qu'il était possible de trouver d'éventuels points communs entre *sa* manière d'être et *ma* manière d'agir. Cette constatation éveilla en moi la froide certitude que lui – je ne me faisais pas la moindre illusion quant à son caractère – était devenu irrécupérable, même en tant qu'allié dans l'art de séduire les nigauds et les idéalistes. Jusqu'au moment où il découvrit sa belle prude, j'ai cru effectivement que, au moins en ce qui concernait notre manière d'aborder les hommes et les femmes dépourvus de raison, nous étions, lui et moi, du même calibre. Lorsque je compris que ce n'était pas le cas, je rayai pour tout de bon de mon existence notre association – envers et contre tout.

Pas plus que je ne me suis laissé dicter la loi, dans mes liaisons, par des individus ignorants les principes auxquels j'adhérais, je ne souhaite, maintenant ou plus tard, être jugée selon des points de vue appartenant à un tout autre ordre des choses. Lorsque certains *sentimentaux* tentent de me comprendre en me sortant de mon contexte social, c'est un peu comme si quelqu'un me tendait une main moite, collante. (Croit-on peut-être que je ne connais pas ma place, que des gens qui me sont littéralement *étrangers* puissent me réconcilier avec mon sort ?)

Je considère comme risibles, pour ne pas dire plus,

les efforts entrepris par tel ou tel pour expliquer mon comportement. Je ne dis pas que tous les commentaires sur ce que j'ai fait, dit et écrit ne contiennent pas un fond de vérité. Peut-être devrais-je me sentir flattée que des esprits curieux aient si souvent tenté de sonder mes intentions. *Une grande amoureuse* * manquée, une Marie-Madeleine repentie, cherchant une consolation dans les livres et les spéculations, l'incarnation de l'antiromantisme, une intrigante sans âme, que n'a-t-on pas cru voir en moi ! Suis-je donc, parce que j'existe dans un roman, livrée aux fantasmes de lecteurs ? Voudrait-on me refuser la possibilité de vivre ma vie comme je l'entends, depuis que le monde qui m'a formée et qui fut le théâtre de mes liaisons m'a rejetée ? Je vois soudain très clairement que je n'ai pas à accepter ce bannissement auquel on m'a condamnée.

Imaginons que tout se soit passé d'une manière totalement différente ? Que serait-il arrivé si, en cet après-midi estival de 17.., m'ennuyant dans un Paris abandonné par tout ce que la ville compte de gens intéressants, inquiète et furieuse de surcroît à propos du procès que les héritiers de mon défunt époux m'avaient intenté à Dijon (et qu'ils auraient sans doute gagné parce qu'ils s'étaient assuré les faveurs et l'assistance du jurisconsulte, le Président de Tourvel), si donc, je répète, l'idée m'était venue de porter *d'avance* un coup terrible à ce fâcheux, dont le verdict menaçait d'entraîner la perte de la fortune que je considérais comme m'appartenant ; si, par le truchement d'une connaissance commune, j'avais réussi à persuader la Présidente (je l'appellerai dorénavant par son nom) de chercher, en l'absence de son mari, sécurité et santé auprès de cette vieille dame qu'elle aimait tant – chez qui, comme je le savais depuis longtemps, Valmont logeait également. Supposons que je me sois déjà demandé *plus tôt* de quelle manière je pourrais amener Valmont à séduire madame de Tourvel, qu'il m'avait dépeinte à plusieurs reprises comme un « objet » totalement dépourvu de charme ; supposons que l'annonce du mariage de Cécile Volanges avec le comte de Gercourt m'ait indiqué la voie à suivre : vanter sur le ton badin au conquérant Valmont, déjà inactif depuis quelque temps, les charmes de la toute jeune fiancée et en même temps laisser entendre quelle bagatelle ce serait que de la séduire, tout cela dans l'espoir (qui fut détrompé) que Valmont, aiguillonné par mon ton et blessé dans son honneur de roué, voulût bien me prouver de quel *tour de force* * il était encore capable en osant s'attaquer à la Présidente, jugée imprenable par sa vertu et sa dévotion. Supposons enfin que tout se soit passé exactement comme je l'avais voulu et préparé jusqu'au moment où madame de Tourvel perdit la raison et mourut (aurais-je pu prévoir cela ?). Par suite de sa réaction qui passa toute mesure, par suite de l'atteinte portée par un romantisme exagéré à notre milieu peut-être dépravé mais bien ordonné, j'ai finalement perdu le contrôle de cette affaire. La découverte de mes lettres, les rumeurs qui s'ensuivirent, réduisirent à néant les chances qu'avait mon projet de faire chanter le Président de Tourvel en lui dévoilant les amours secrètes de son épouse – même maintenant qu'elle était morte ! Dans l'intervalle, ma réputation avait été ternie à tel point que ce monsieur de Tourvel put consommer ma ruine encore plus facilement. Je ne sais ce qui serait arrivé si je n'avais pas malencontreusement contracté la petite vérole. La maladie me procura quelque répit, du reste uniquement parce que personne n'osait m'approcher. Pendant ma convalescence, je préparai ma fuite jusque dans les moindres détails. Le chasseur de Valmont, l'insolent et ingénieux Azolan, coupable de tant de méfaits (à ma connaissance) que cela lui eût valu les galères à perpétuité, m'apporta son aide, avec l'assistance de quelques acolytes de la pègre parisienne. Déguisés en huissiers de justice, pourvus d'une astreinte falsifiée (croyant qu'il s'agissait de biens ayant appartenu à Valmont qui ne devaient pas tomber entre les mains des Merteuil), ils emportèrent sous le nez de mes gardiens les nombreuses malles contenant l'argenterie et les déposèrent à une adresse sûre. Je n'avais pas à craindre qu'ils ouvrent ou volent les malles dont ils ignoraient le contenu ; ils me crurent lorsque j'affirmai que les héritiers de Valmont, qui ne pouvaient réaliser ce coup eux-mêmes, suivaient et contrôlaient pas à pas les événements. Auparavant, j'avais réussi, par l'entremise de ma sœur de lait et ancienne femme de chambre, Victoire, à me procurer un passeport, naturellement sous un autre nom que le mien. En échange de ce service, je détruisis en sa présence une partie des documents préjudiciables que je détenais sur son compte. J'étais obligée de prendre ce risque, car c'était la condition qu'elle avait posée. Les liens, non pas du sang, mais du lait maternel que nous avions partagé, se révélèrent toutefois si puissants (les gens de son espèce attachent du prix à ce genre de choses) qu'elle m'aida une nuit à fuir par un passage dérobé, connu seulement de moi et d'elle, qui reliait ma chambre à coucher au monde extérieur. Nous allâmes chercher les malles dans une voiture de louage. Grâce à l'animation et à la confusion qui accompagnent le départ des diligences dans toutes les directions à la pointe du jour, je pus, sans trop attirer l'attention mais grâce à de généreux pourboires, obtenir que mes bagages fussent chargés en priorité. Quelques passagers furent ainsi contraints de différer leur voyage parce qu'ils ne pouvaient emporter les leurs. La commotion qui en résulta est certainement l'une des raisons pour lesquelles – bien que j'eusse changé deux fois de voiture – le but de mon voyage fut découvert. Néanmoins il était trop tard pour que l'on pût me rattraper avant la frontière.

Quelqu'un peut-il sérieusement supposer qu'une femme comme moi passe le reste de sa vie (la moitié de ma vie peut-être) à lire ? Ou que je sois de ces créatures qui ruminent à longueur de journée sur ce qui fut ou ce qui eût pu être ? La colère me mordait le cœur, je m'ennuyais à mourir dans cette maison près des dunes de La Haye. Je ne suis pas comme Jeanne Antoinette Poisson, marquise de Pompadour de fraîche date, qui pouvait disposer des coffres de la France pour faire construire des châteaux de plaisance à son goût et se livrer tout entière à la recherche de la perfection dans l'aménagement et la décoration de ceux-ci. Lorsque je m'installai au manoir Valmont, j'avais incomparablement moins d'argent à ma disposition. Un toit au-dessus de ma tête, un carrosse et des chevaux, du personnel, j'avais tout cela, c'est vrai, mais pour combien de temps ? Celui qui croit que j'allais perdre mon temps précieux à des futilités est un sot ! Je devais assurer mon avenir. Certes, inspirée par je ne sais qui ou quoi, j'ai écrit quelques traités sur des personnages de romans et de tragédies. Mais pas un instant, la lecture et l'écriture n'ont pu compenser le manque de liberté de mouvement. Oh non ! Je ne suis pas du bois dont on fait les Isabelle de Charrière, née Van Zuylen ! L'œil qui me restait s'affaiblissait ; j'en avais assez de ma femme de chambre, qui n'arrivait pas à apprendre comment me coiffer, à quelle température devait être l'eau de mon bain, comment préparer à mon goût le chocolat de mon petit déjeuner et qui, jamais, au grand jamais, n'aurait pu me faire la lecture. Mon libraire me parla d'une jeune Française, qui était en difficultés ; engagée comme dame de compagnie ou gouvernante dans une riche famille haguenoise, elle fut rapidement exposée aux attentions amoureuses du maître de maison ; lorsqu'elle alla s'en plaindre, elle fut – comme c'est toujours le cas – mise à la porte. Mon libraire connaît la veuve qui a provisoirement recueilli la jeune fille. Quelle ne fut pas ma surprise, lorsque je découvris qu'elle était originaire de Bourgogne et, qui plus est, apparentée à un arrière-neveu de feu mon époux, un Merteuil qui avait fait un mariage au-dessous de sa condition. Cela ne me parut rien de moins que la main de la Providence : à l'avenir, je me ferais servir par une personne qui avait quelque chose à voir – même si c'était de loin – avec les héritiers de mon défunt mari. Je fis venir la jeune fille et lui offris la place de femme de chambre. Le visage baigné de larmes, elle me baisa la main et m'appela sa bienfaitrice. Naturellement, elle n'avait pas la moindre idée de mon identité. Comme elle était adroite et avait de bonnes manières, je préférai sa compagnie à celle de tous les autres membres du personnel; je lui confiai aussi des travaux qui, strictement parlant, n'étaient pas de son ressort. Peu à peu, j'appris bien des choses sur les héritiers du marquis de Merteuil, gens qui étaient en train de s'embourgeoiser en province et plaçaient l'argent qu'ils m'avaient refusé à moi dans des vignobles et une fabrique de moutarde! Françoise – ainsi s'appelait ma nouvelle camériste – était originaire de la petite ville de Trévoux. Me tenant pour une bourgeoise, elle osa me confier que ses parents, et surtout son frère, et au fond elle-même, étaient des adeptes du courant révolutionnaire qui voulait abolir la monarchie, supprimer la noblesse et donner tout le pouvoir à la bourgeoisie. J'exprimai, quoique discrètement, ma sympathie pour ces aspirations. Je lui donnai à entendre que j'avais dû quitter la France en premier lieu pour des raisons politiques, mais, en même temps, je critiquai si sévèrement les Orangistes de Hollande soutenus par la Prusse qu'on ne pouvait me soupçonner d'être hostile à la France. Je laissai aussi entendre que j'avais connu les Merteuil et même que j'avais un compte à régler avec eux, et, grâce à quelques détails saillants et véridiques, je parvins à la convaincre que, dans l'éventualité d'une révolution et de règlements de compte, les Merteuil méritaient de monter à l'échafaud avant tous les autres aristocrates de la région. Le temps m'a appris que mes insinuations avaient été bien reçues. Je ne cessais d'aiguillonner l'esprit de rébellion latent chez Françoise, tout d'abord par l'état de demi-esclavage dans lequel je la forçais à couler ses jours, sans toutefois qu'elle m'en voulût car j'exagérais mon « infirmité », ensuite par les commentaires et les opinions que je ne manquais pas de fournir quand elle me faisait la lecture sur la dépendance dans laquelle était tenue la femme à notre époque de rouerie et de corruption. Je pus sans peine inciter mon fidèle libraire à emmener Françoise de temps en temps à des réunions, dont il m'avait si souvent parlé, de Patriotes, ici ou là dans la région, afin qu'au milieu des idéalistes hollandais francophiles elle pût trouver un climat de parenté spirituelle. Ces heures de liberté et d'enrichissement intérieur comblaient de joie la jeune enfant ! Je ne cessais de lui dire qu'en fait je ne pouvais me passer d'elle, mais que, pour la bonne cause, j'acceptais de me débrouiller seule de temps à autre. A l'une de ces occasions, elle rencontra les dames Élisabeth Wolff, née Bekker, et Agatha Deken comme je m'y attendais, car elles aussi défendaient avec zèle la cause des Patriotes. Françoise tomba immédiatement sous le charme de ces deux femmes de lettres et la sympathie fut réciproque. C'est ainsi que purent s'établir des rapports entre elles et moi, et j'en profitai. Ce que je n'aurais jamais fait de ma propre initiative se produisait maintenant spontanément. Plusieurs fois, j'autorisai Françoise à rendre visite à ces dames dans leur maison de campagne à Lommerlust, à une demi-journée de voyage de Valmont. Entre moi et ces deux célébrités hollandaises s'établit par l'entremise de Françoise un contact superficiel mais courtois, tantôt sous forme de lettres, tantôt par des messages oraux. Elles m'invitèrent à venir les voir dans leur campagne, et lorsqu'elles comprirent qu'il m'était impossible de voyager elles proposèrent de venir jusqu'à moi, mais je réussis à éviter une fréquentation directe. Émues par mon malheur, elles m'envoyèrent à plusieurs reprises des fleurs et des fruits de leur jardin, et pour ne pas être en reste je leur offris par exemple quelques gouttes d'un parfum rare que je possède ou deux ou trois mètres de ruban de satin de Lyon ou encore l'un ou l'autre ouvrage illustré sur les us et coutumes dans différentes régions de France dont elles ne se lassaient pas d'entendre parler. Au bout d'un certain temps, je constatai chez Françoise des signes indéniables d'agitation. Je fis semblant de ne rien remarquer et, en même temps, je me montrai de plus en plus exigeante. Je prétendis me sentir indisposée afin de l'obliger à renoncer à un séjour à Lommerlust que je lui avais accordé en principe et dont elle s'était beaucoup réjouie. Elle pâlit et se tut. Ce que j'avais en vue se produisit ; les dames entrèrent en action, surtout naturellement l'émotive veuve Wolff. Elles m'annoncèrent la visite de leur cher ami et agent d'affaires, cet autre personnage qui fréquentait régulièrement les réunions de patriotes, monsieur Nissen. Je lus leur lettre en présence de Françoise et insistai sur ma répugnance à ouvrir ma porte à un étranger. La jeune fille se jeta à mes pieds en sanglotant et me supplia d'entendre ce que l'envoyé des femmes de lettres avait à dire. Je finis par céder. Peu de temps après, monsieur Nissen se présenta au manoir Valmont, au crépuscule comme je l'avais exigé. Apprêtée par Françoise de manière à paraître sous les dehors les plus flatteurs dans mon rôle de patiente *en négligé* * parmi les coussins de mon sofa, je l'accueillis dans le salon éclairé seulement par le feu de la cheminée. « Parlez, Monsieur, dis-je doucement, à demi cachée derrière mon éventail, comme vous le savez, ma santé laisse beaucoup à désirer, je ne peux vous accorder que peu de temps. » Nissen, le prototype du Hollandais qui craint tout ce qui est étranger à son monde étroit mais en est secrètement fasciné, réagit à mon comportement et à mon entourage comme je l'avais prévu. Dans une veste de drap foncé à manchettes plissées, perruqué, manipulant à tour de rôle une montre ou une tabatière, il était assis à une distance respectueuse en face de moi ; un homme estimable, sans aucun doute un joyau de la bourgeoisie de ce pays, entouré de mille égards dans son milieu ; mais ici, au manoir Valmont, visiblement intimidé. La routine de sa profession vint à son secours – il est avocat – si bien qu'il parvint à transmettre son message dans un français solennel et comique. Les dames Wolff et Deken souhaitaient réaliser un projet qu'elles caressaient depuis longtemps, quitter la Hollande et s'installer en France. Une telle relation de confiance s'était instaurée entre elles et Françoise – et par son intermédiaire avec son frère à Trévoux – qu'elles avaient l'intention d'aller vivre en Bourgogne. Françoise, consumée par le *mal du pays* * (je le savais), souhaitait de tout son cœur pouvoir accompagner ses amies. La raison de la visite de Nissen tenait au fait que la jeune fille, en proie à un conflit intérieur, balançant entre la reconnaissance, le sens du devoir et la pitié, d'une part, et son désir, d'autre part, n'osait me demander personnellement de la laisser partir. J'étais certaine que son assistance compétente et discrète me manquerait ; mais le plus grand service qu'elle m'eût rendu tenait justement à cette évolution intérieure : le besoin de retourner en France, la tête pleine de nouvelles idées, brûlant du désir de venir en aide à son frère et à tous ceux qui comme lui s'élevaient contre le régime et ses représentants locaux (tels que les Merteuil !). Tandis que, assise sur le sofa en face du sieur Nissen (et apparemment plongée dans mes pensées), je jouais avec mon éventail, pressant mon mouchoir contre mes lèvres (le digne visiteur ne pouvait détacher ses yeux de mon décolleté et de mes chevilles que je laissais entrevoir dans un froissement de taffetas à chaque changement de position), je comparais machinalement cette heure crépusculaire à certaines rencontres du passé. Le décor offrait une certaine ressemblance, mais il y avait une différence essentielle ; il s'agissait à l'époque d'une conquête amoureuse à court terme, avec un adversaire qui devait être pris au sérieux en tant qu'amant, alors que, dans le cas présent, l'enjeu était d'un tout autre ordre : la possibilité de vivre, maintenant et dans l'avenir, conformément à mon état et à mes besoins. Je créai intentionnellement une ambiance destinée à semer le trouble dans l'esprit de ce brave Nissen. Je lui dis que Françoise était libre d'aller où bon lui semblait et que je lui souhaitais tout le bonheur du monde, mais que mes moyens ne me permettaient pas, hélas !, de la rétribuer convenablement pour les services rendus ni de l'aider à financer son voyage comme j'aimerais le faire, étant donné (une fois de plus hélas !) que, par suite d'événements et de circonstances soudaines et imprévues (trop compliquées pour être exposées dans le cadre de ce bref entretien), j'étais au bord d'une débâcle financière.

« Oh non, Monsieur ! » m'écriai-je, en tendant vers le ciel mes bras toujours aussi bien formés, ce qui fit retomber les volants de dentelle de mes manches. « Oh non ! je ne pourrais pas retenir Françoise, même si je le voulais ! Je n'ai pas le droit d'abuser de ses services. Dieu sait, Monsieur, si d'ici quelque temps je ne serai pas dans la situation où elle se trouvait lorsqu'elle est entrée à mon service, et si je ne me retrouverai pas moi-même à la rue, sans le moindre revenu ! Qui me viendra en aide ? Comment une étrangère malade et défigurée comme moi, que son éducation et sa constitution rendent inapte à exercer un emploi domestique, pourra-t-elle gagner sa vie ? Mais brisons là ! Comment osé-je vous importuner avec mes soucis ! »

Je lui interdis de souffler un mot de cette affaire à ma fidèle femme de chambre, et cette magnanimité fit profonde impression sur lui. Je fis venir Françoise et l'autorisai à emballer ses effets personnels et à prendre place dans le carrosse du sieur Nissen pour se rendre avec lui à Lommerlust, les dames Wolff et Deken étant pratiquement prêtes à se mettre en route. Nissen m'avait informée qu'il rachèterait leur maison de campagne, réglerait toutes les affaires de ces femmes de lettres et se chargerait, en temps utile, de placer leur argent le plus avantageusement possible. Tout portait à croire qu'il était très compétent dans ce domaine ; j'avais entendu mon libraire faire l'éloge de cet homme riche qui, lui au moins, ne devait pas sa fortune au zèle ou à la chance de ses ancêtres, mais à sa propre intelligence des problèmes et à son discernement. Cela m'arrangeait donc fort de m'être acquis en sa personne un admirateur à la fois crédule et convaincu. Par la suite (je veux dire après que les dames et Françoise se furent installées à Trévoux) Nissen vint régulièrement me voir à Valmont. Dans l'intervalle, je vendais discrètement quelques meubles ou je congédiais une servante. Les circonstances ne m'y obligeaient pas encore ; mais outre le fait que, de cette manière, je faisais croître ma réserve d'argent liquide, cela me permettait de produire un certain effet. Chaque fois que Nissen se faisait annoncer, mes appartements étaient plus nus, mon jardin semblait plus négligé. « Mon Dieu, Madame ! finit-il par dire, que puis-je faire pour vous ? Ce n'est pas une vie pour quelqu'un comme vous. – Écoutez-moi, mon cher Nissen, dis-je (il voyait des larmes dans mes yeux), je vais vous confier un secret. » Au cours de nos rencontres, ce que je soupçonnais depuis longtemps était devenu une certitude : au fond, Nissen n'était pas un Patriote, il était bien davantage possédé d'un respect naïf pour la grandeur et l'allure d'une espèce qui n'est pas répandue dans sa patrie. Je poursuivis : « Je ne suis pas la grande bourgeoise que des déboires ont contrainte à fuir son pays, contrairement à ce que tout le monde croit ici, ma camériste inclue. Non, Monsieur, j'appartiens à la vieille noblesse de France, mais à celle qui condamne la corruption des mœurs et de la politique, et qui préconise le retour au style du siècle précédent, notre Grand Siècle. Oh ! puissé-je vous dire tout ce que je sais ! »

Nissen, visiblement atteint au plus profond de son âme lorsque je fis allusion aux traditions *protestantes*, parce que huguenotes, de droiture et d'intérêt pour la cause publique qui avaient caractérisé mes ancêtres, se prosterna devant moi. « Madame ! je jure que pas un mot ne s'échappera de mes lèvres sur ce que vous venez de me confier ! Oh ! si vous vouliez m'accorder la faveur de m'appeler votre ami ! Comment exprimer ce que je

ressens... ? Ce que je suis, ce que je possède, je le mets à votre disposition ! C'est à vous ! Ordonnez, j'obéirai !
– Mon pauvre Nissen ! » m'exclamai-je, et je saisis ses mains pour le relever. « Mon pauvre ami ! Pourquoi voulez-vous aider une créature perdue ? Si j'enlève ce masque, vous verrez combien je suis effrayante, monstrueuse... »

Il couvrit de baisers mes mains et l'ourlet de ma robe. « Effrayante ? Monstrueuse ? Je n'ai jamais contemplé tant de grâce. Votre taille, votre élocution... votre voix, Madame ! Vos gestes, votre maintien... la noblesse de votre être ! » Etc., etc. Le brave Hollandais était vraiment transporté, il promit, fit des serments, se montra prêt à tout risquer, sa famille, sa fortune, sa réputation, tout pour m'aider, moi, la représentante d'un courant qui voulait rétablir la France dans son ancien éclat, à payer mes dettes et à mener un train de vie digne de moi. Évidemment, je protestai contre ses propositions assez longuement et vivement pour lui faire finalement goûter la joie d'avoir réussi à me convaincre. Peu de temps après, Nissen me remit en mains propres une importante somme d'argent. Il ne voulut pas entendre parler de remerciements, ni d'un éventuel règlement du remboursement de ma dette (suggéré par moi avec tact). En revanche, il ressortit de ses paroles et de son comportement que le brave homme avait l'intention de me conseiller à l'avenir dans les questions financières, notamment sur la manière de gérer la somme qu'il m'avait apportée dans un emballage discret. A ce moment-là, je le priai (sous prétexte de violentes crises de migraine) de différer quelque temps le premier entretien concernant les *affaires*. Les circonstances me permirent – sans informer mon bienfaiteur de mes projets, cela va de soi – de quitter la Hollande aussi rapidement et silencieusement que j'y étais venue. Je ne sais ce qu'il est advenu de Nissen.

Qui osera prétendre que cela ne s'est *pas* passé de la sorte ? Mon nom, mon image doivent-ils rester éternellement liés à ce pays venteux ? Abandonnée à mon sort, je me suis débrouillée toute seule. S'il est vrai que lire beaucoup et lire bien signifient pour une femme une seconde éducation, le complément et le perfectionnement d'une première formation trop superficielle, disons du moins que mes lectures au manoir Valmont m'ont appris l'art de m'évader littéralement par la fiction.

11. A la marquise de Merteuil

Mes compliments, Madame, pour avoir tenté d'utiliser les lacunes subsistant dans la réalité comme moyen d'évasion. Il a en effet été établi qu'en 1788 les auteurs Wolff et Deken « ont engagé une jeune Française, qui fut en quelque endroit dame de compagnie ou gouvernante, et [...] dans un carrosse personnel sont parties pour la France et ont logé à Trévoux chez le frère de la dame en question », comme l'a signalé l'une de leurs connaissances. Il est également vrai que progressivement le sieur Nissen cessa de répondre aux lettres cordiales et pleines de confiance en sa gestion de leurs affaires qui lui parvenaient de Bourgogne. (« Nous oubliez-vous donc complètement ? N'écrivez-vous plus du tout ? ») Il est également indéniable que Betje et Aagje durent retourner en Hollande « totalement ruinées par la banqueroute frauduleuse de Nissen, tombant de l'opulence dans le besoin » (extrait d'une lettre de Betje Wolff).

Je n'ai pas connaissance d'autres renseignements sur la « jeune Française » ou sur les causes de la faillite de Nissen. Pour échapper à la pression exercée sur vous par votre créateur Laclos lorsqu'il vous expédia en Hollande, vous vous êtes introduite subrepticement dans ces vides de l'histoire. Oh oui, Madame, je vous vois très bien, une fois de plus au cœur de la nuit, quitter La Haye, mais cette fois, comme les deux autres dames, dans votre propre carrosse (vous pouviez maintenant vous le permettre !), en laissant derrière vous, comme jadis à Paris, de lourdes dettes, excepté chez votre libraire. Vous n'aviez plus de diamants ni d'argenterie, ils étaient dans les coffres d'un banquier. Vous êtes partie avec des valises contenant votre garde-robe et, grâce à Nissen, un sac rempli de ducats ou de livres en or. Mais ensuite ? Où avez-vous ordonné au cocher de conduire vos chevaux ? En France ? Est-il plausible que vous ayez choisi de retourner à Paris pendant la Terreur, où vous auriez peut-être des chances de ne pas être reconnue aussitôt, mais où vous risquiez pourtant d'être identifiée à la longue comme une « aristo » corrompue, de la pire espèce ? Je ne peux croire que vous ayez osé prendre un tel risque. Je ne peux pas davantage me représenter que, vêtue comme une citoyenne, vous vous soyez mêlée à la foule pour voir comment ceux de vos anciens amants et amies qui n'avaient pas encore été exécutés – membres des cercles « prudes » et ceux des cercles « frivoles » réunis par le destin – gravissaient les marches de l'échafaud et plaçaient leur tête sous le couperet. Cette forme de divertissement vulgaire qui consiste à jouir de la souffrance d'autrui vous est absolument étrangère. Le sang, les huées des tricoteuses et les cris révolutionnaires ne pouvaient qu'éveiller votre dégoût. Il vous manquait aussi l'héroïsme de l'heure dernière, le sentiment exaltant de solidarité avec votre classe qui conduisit tant de vos congénères à se livrer aux autorités, à se laisser enfermer dans les prisons de la Conciergerie et à faire avec dédain le dernier parcours vers la guillotine sur une charrette pleine de paille, sous les huées de la populace. Vous fûtes toujours trop réaliste, trop hostile au pathétique, trop habituée à suivre votre instinct de conservation pour céder à un tel comportement. On pourrait certes supposer que vous auriez réussi à vous cacher jusqu'à une époque moins houleuse. Dans cette « petite maison » que vous possédiez autrefois à Paris et qui – pourquoi pas ? – vous attendait toujours, soigneusement close ? Ou à la campagne, dans la famille de votre sœur de lait, d'une si émouvante loyauté ? Admettons que d'une manière ou d'une autre vous ayez réussi à vivre dans la clandestinité, jusqu'au tournant du siècle par exemple. Que pourrait alors entreprendre une femme comme vous ? Avec le restant de l'argent de Nissen – si tant est qu'il y en eût un – ouvrir une « bonneterie » ou mettre sur pied un cours de maintien pour les enfants d'hommes du peuple ayant atteint dans l'intervalle les plus hauts degrés de l'échelle sociale. Acheter à la campagne quelques arpents, un verger ou un champ, pour vivre modestement des récoltes ? De telles solutions, qui pour une quelconque femme vieillissante eussent pu être pensables, me semblent aussi invraisemblables l'une que l'autre. Vous avez pu, il est vrai, dans un élan de perversité, jeter la jeune Cécile Volanges dans les bras de Valmont, il n'empêche que vous auriez repoussé avec dégoût le métier d'entremetteuse, qui, de temps immémoriaux, constituait un gagne-pain souvent lucratif pour les coquettes tombées très bas. Il vous manque la malignité d'une créature vénale comme *La Célestine* dans le drame espagnol du XVe siècle de Fernando de Rojas, que vous avez peut-être lu. A supposer qu'après cette « Hollande » à laquelle Laclos vous condamna vous ayez encore trouvé un avenir, une destinée dans un autre pays, je ne peux alors songer qu'à des solutions bizarres, extrêmes. Je crois que votre choix se serait plutôt porté sur l'Angleterre, où tant d'aristocrates français s'étaient exilés après 1790. Vous ne vous seriez pas satisfaite d'une position d'arrière-plan dans un milieu correspondant au vôtre, la seule qui pût échoir à la femme enlaidie et sans ressources que vous étiez. Je ne crois pas, Madame, que vous ayez renoncé à exercer votre pouvoir sur autrui. C'est pourquoi je vous verrais bien trônant, comme une Moll Flanders à la française, à la tête d'une bande de mendiants et de coupeurs de bourses dans Soho, ou telle une comparse féminine de Macheath ou Peachum dans *L'Opéra des gueux* de John Gay (votre visage grêlé, votre œil unique n'étaient pas un handicap, au contraire !) plutôt que d'être *that poor unsightly viscountess from Paris*, cachée par une famille charitable dans quelque domaine à l'écart du monde. Je peux aussi m'imaginer que vous vous soyez révélée une féministe avant la lettre, dans le sillage de Mary Wollstonecraft (qui séjourna quelque temps à Paris en 1793 et que vous pourriez avoir rencontrée, pourquoi pas !), ou que vous ayez adopté les conceptions pédagogiques lancées à l'époque par votre créateur Laclos dans trois essais qui firent couler beaucoup d'encre parce qu'ils étaient d'un « modernisme » inouï, même comparés aux théories de Rousseau : il y revendique pour la femme des possibilités de développement telles qu'elle pourra à la longue exercer des fonctions de premier plan en particulier dans l'économie rurale et la recherche scientifique. Vous auriez très bien pu, Madame, être l'une de ces excentriques dont on taisait le nom, et n'ayant d'autorité que dans le cercle restreint de ceux qui partageaient leurs opinions ; qui sait, membre d'une de ces sociétés secrètes plus foisonnantes à votre époque qu'elles ne l'avaient jamais été, parce qu'elles avaient pour but le maintien et le développement de l'émancipation humaine, promis par la Révolution et non réalisés. Non pas que je vous impute quelque idéalisme, sans parler d'une vocation dans ce domaine ! Froidement, logiquement, vous auriez élaboré une stratégie orientée vers l'action, et les expériences auxquelles vous vous seriez livrée vous auraient procuré autant d'agrément intellectuel qu'autrefois à Paris vos spéculations concernant les relations amoureuses. Les idéalistes et les théoriciens auraient profité de votre connaissance de l'âme humaine et de votre expérience du monde. Enfin, je crois que vous étiez capable de vous rendre en Amérique, dans le Nouveau Monde, à l'exemple de nombreux Français et Anglais de votre époque, non pas pour vous y établir dans une colonie puritaine, mais pour avancer, comme une version féminine du Bas de Cuir de Fenimore Cooper, au milieu des colons, à travers les hostiles territoires indiens, connue de tous pour sa laideur repoussante, mais célèbre pour son courage et son habileté à manier les armes à feu.

Mais, disons-le, Madame, les personnages de roman n'échappent jamais au monde fictif par les brèches de la réalité. Ils n'ont d'autre existence que celle que leur a donnée leur auteur. Chaque fois qu'un lecteur achève la lecture des *Liaisons dangereuses* vous êtes en Hollande, Madame !

L'ouvrage de Laclos a éveillé des échos qui n'ont pas fini de retentir. Peu de héros de roman ont fait école autant que Valmont. Depuis 1782, il y a pléthore de petits Valmont, de demi-Valmont et de soi-disant Valmont dans la littérature. Mais aucune des créations des XIXe et XXe siècles ne peut être appelée *votre* épigone. La Belle Dame sans merci qui, tel un fantôme capricieux, hante la littérature romantique est une manifestation de l'irrationnel, de l'inhumain, un symbole. « Sans merci », on peut certes dire que vous l'êtes, mais vous restez toujours un personnage à l'échelle humaine. Des femmes telles que la sensuelle duchesse de Maufrigneuse, dans l'œuvre de Balzac (je cite les noms qui me viennent à l'esprit), la tragique Marie Stuart dans la vision qu'en a le poète Swinburne, la démoniaque Hyacinthe de Chantelouve dans le roman *Là-bas* de Huysmans, la diabolique Lulu dans deux drames de Wedekind, la froide Lucy Tantamount dans *Contrepoint* de Huxley, aucune de ces héroïnes ne possède vos qualités maîtresses : jamais vous ne fûtes lascive, vulgaire, négligée, cupide, sentimentale, passionnée par la violence ou par les puissances occultes. Il ne manque certainement pas de femmes calculatrices qui font cavalier seul dans la littérature des cent cinquante dernières années, mais on ne peut les appeler vos « filles ». La Becky Sharp de Thackeray dans *La Foire aux vanités* est dure, ambitieuse et intelligente, mais elle n'est pas raffinée. Lamiel de Stendhal possède une curiosité intellectuelle et du charme, mais l'assurance innée, l'aisance aristocratique qui vous caractérisent lui font défaut. Hedda

Gabler, dans le drame du même nom d'Ibsen, manifeste une fierté comparable à la vôtre et Mademoiselle Julie, de Strindberg, a profondément conscience d'appartenir à l'élite, mais toutes deux sont, il faut bien le dire, exaltées et dans une certaine mesure un peu déséquilibrées. L'héroïne du roman de Mauriac *Thérèse Desqueyroux*, écœurée par la froide quotidienneté, empoisonne son mari avec préméditation, sans états d'âme ; une autre Thérèse, celle de Zola dans *Thérèse Raquin*, poussée par une passion charnelle, se rend complice d'un meurtre ; ces deux types de réaction à des circonstances ressenties comme intolérables vous sembleraient parfaitement indignes de vous. Célestine, la protagoniste d'un roman de Mirbeau, soucieuse de se maintenir dans la société, connaissant le monde, plutôt émancipée malgré son état de femme de chambre, prend pour amant le luxurieux et cruel assassin d'une fillette, tout en le sachant coupable : une forme de perversité qui vous est totalement étrangère. Pour Odette de Crécy, l'ensorcelante séductrice aux nombreux amants de l'œuvre de Proust, rien ni personne ne compte plus qu'elle-même, comme c'est votre cas ; mais sa passivité volage vous semblerait affectée. Dans chacune de ces figures féminines – et dans beaucoup d'autres encore – se cachent bien certains traits d'une Merteuil, mais associés à d'autres éléments et donc mitigés ou déformés par ceux-ci ; jamais ce mélange n'aboutit à l'effet stupéfiant, dû à ce côté secret, distant, au fond inaccessible et surtout insensible et amoral qui vous caractérise. Un seul auteur – contemporain de Laclos – a réussi à intensifier et à dénaturer à outrance les principes sur lesquels vous et Valmont fondiez votre comportement. Entre 1791 et 1797, le marquis de Sade écrivit sa *Justine ou les malheurs de la vertu* et *L'Histoire de Juliette*. On pourrait voir en Justine une caricature du type de madame de Tourvel et en Juliette une élaboration tout aussi ridiculement exagérée de votre personnage. Tolérante, miséricordieuse, respectueuse des normes et des lois, confiante en la dignité humaine, Justine suscite par son comportement la cruauté et la joie goguenarde ; sa « méchante sœur », Juliette, qui se vautre dans des crimes et des horreurs sans nombre, qui déclare n'être vraiment femme que quand elle se comporte en monstre à l'égard des normes et des lois, semble au contraire, dans ses pensées et ses actes, ne viser qu'à nier ou à détruire cette dignité humaine, ce droit à être de chacun. L'abominable Juliette est l'incarnation d'une idée poussée jusqu'à l'absurde (tout est permis, tout est possible, Dieu n'existe pas, l'homme en soi n'est rien, une loque, faire le mal est le privilège de celui qui est capable de la plus grande énergie et de la plus grande concupiscence) ; mais *vous*, Madame, vous êtes et restez avant tout un être *possible* de votre temps, en qui se manifeste le développement du rationalisme et du matérialisme qui n'ont cessé depuis de gagner du terrain dans la culture occidentale. Ce n'est peut-être pas dans la littérature, mais dans la réalité de la vie politique et du monde des affaires de mon temps que nous devons chercher vos semblables. Vous ne retrouveriez rien de vous-même dans la *Juliette* de Sade ; vous éprouveriez de la répugnance pour ses excès et atrocités, du moins dans la mesure où vous n'éclateriez pas de rire devant le côté satirique, qui, je le suppose, ne vous échapperait pas, de cette peinture de caractères. Vous avez trop de goût, vous êtes trop raffinée pour vous laisser souiller par le sang et les excréments ; vous ne vous êtes jamais divertie de la souffrance physique d'autrui. Toutefois vous n'auriez pas davantage contesté à quiconque le droit de se livrer à des actes sadiques (ou masochistes). Si vous êtes « mauvaise », Madame, il faut en rechercher la cause dans ce *laisser-faire, laisser-aller* *

12. A la marquise de Merteuil

Le vide et le silence règnent dans les bosquets de Pex. Là où je m'imaginais voir votre demeure, il n'y a plus que des sentiers déserts entre des haies d'aulnes et d'ormes. Des écharpes de brouillard s'effilochent entre les arbres. Probablement qu'à cette heure personne ne sort son chien, tous les enfants sont en classe, les habitants du quartier trouvent l'air trop froid et humide pour aller se promener.

Je pense que vous n'êtes plus ici. Votre image s'estompe. Naturellement, il est vain de vous accorder la parole pour ajouter quoi que ce soit à ce que Laclos a dévoilé sur vous. Aucune analyse ne saurait être plus pénétrante, aucune interprétation plus profonde que cette langue claire, qui se passe de commentaires. Laclos laisse entendre que vous aviez pris le chemin de la Hollande mais – j'ai le devoir de le reconnaître – cela ne signifie pas que vous ayez vraiment *atteint* ce pays. Peut-être avez-vous définitivement disparu dans l'au-delà réservé aux personnages de roman, un séjour crépusculaire, inaccessible au lecteur. La marquise de Merteuil cessa d'exister à une date que j'ignore (1781 ou 1782 ?), lorsque Laclos rédigea les dernières lignes de son roman. La femme avec laquelle j'ai « échangé des idées » est née de moi, je l'ai dotée d'un semblant de substance. Tout en avançant lentement sous les branches ruisselantes, je comprends aussi que vous, ma « création », vous avez été pour moi l'incarnation du réseau complexe de rapports humains qui, dans la réalité comme dans la fiction, ne cesse de me fasciner. Dans la manière dont vous manipuliez les personnages qui vous entouraient vous avez procédé comme un auteur. Je vous ai vue comme la personnification d'une caractéristique que l'on redoute et exècre – non sans raison – chez les écrivains : cette tendance à faire des hommes, de leurs sentiments, de leurs pensées, la matière de leur propre création, enfermés dans leur propre monde intérieur, interrogeant le monde extérieur à travers la lunette de leurs facultés perceptives ; produisant une « œuvre d'art », une fiction, comme moyen de participer à la vie ; au temps de vos liaisons, ne ressembliez-vous pas vous-même étonnamment à bien des créateurs ?

Qui veut découvrir le secret de votre existence – à supposer que cela puisse jamais se produire ! – doit peut-être en chercher la clé dans la vie de Choderlos de Laclos. Il était doué pour les mathématiques, avait une vision progressiste de la société, était au fond un moraliste romantique (mais ses réactions sur le romantisme sont le produit typique d'un cerveau scientifique) qui, grâce à une critique lucide de sa propre situation, savait tenir en bride son penchant au libertinage et son ambition de réussir une brillante carrière dans la vie mondaine. Il séduisit une jeune fille, la belle Solange Duperré, mais ne considéra pas son acte comme une futilité à l'instar de Valmont ; elle n'eut pas à endurer comme Cécile Volanges la souffrance et l'humiliation d'une fausse couche secrète, mais mit au monde un enfant qu'il reconnut. Elle resta la maîtresse de Laclos ; il ne l'abandonna pas, comme fit Valmont à l'égard de madame de Tourvel, mais l'épousa plus tard. Ils vécurent heureux ensemble – en parfaite contradiction avec le code de la « rouerie ». Laclos lui-même déclara plus d'une fois qu'il considérait l'intimité conjugale et la fidélité réciproque comme le bien suprême. Peu de temps avant sa mort, il écrivit d'Italie à sa femme : « Vous avez raison de dire que malgré dix-sept ans de vie conjugale, notre amour, ou quel que soit le nom que vous souhaiteriez donner au sentiment qui nous unit, existe toujours. Même nos enfants n'ont pas part à cet amour qui n'appartient qu'à nous deux, mais vous pouvez dire qu'il afflue constamment vers eux et les englobe. » Et au sujet du livre qu'il souhaitait écrire, mais qu'il n'a jamais achevé : « Mon intention est de faire en sorte que la vérité soit admise par tous *selon laquelle il n'existe aucune autre possibilité d'être vraiment heureux que dans la vie de famille*. J'ai plus que quiconque l'occasion de le prouver, je peux puiser mes exemples dans une surabondance d'expériences personnelles ; mais ce que je trouve difficile c'est d'organiser tous ces éléments et c'est un problème presque insoluble que celui de retenir l'attention du lecteur sans y insérer des éléments romanesques. Il faudrait que cela devînt quelque chose de semblable aux *Confessions* de Rousseau ; et cette perspective me décourage. »

Il existe un portrait de Laclos réalisé par le pastelliste Maurice Quentin de la Tour. L'écrivain qui, pendant deux siècles, connut une réputation de cynisme sans pareil a, sur cette toile, un visage doux, las, des traits plutôt mous et un regard mélancolique. A-t-il représenté (et intensifié) dans les figures de Valmont et de Merteuil son propre scepticisme et sa propension à une attitude négative, qui n'ont jamais pris le dessus chez lui, mais dont il était le premier à connaître l'existence ? Et quels motifs m'ont poussée, moi qui, dans la vie quotidienne, « normale », ne passe pas pour être des plus méchantes, à choisir la malfaisante marquise – projection de la Raison d'un Laclos soucieux d'aborder mathématiquement la réalité – pour satisfaire mon propre besoin d'appréhender cette même réalité au moyen d'un mimétisme verbal ? Quel nom donner à ce que je n'ai pu garder pour moi et que je tentais pourtant de cacher à tout prix ?

« Merteuil ! » Ne dirait-on pas un cri de guerre de la femme qui entre dans la dernière phase de son « temps », les jours de sa lune décroissante, avec toutes leurs séquelles, flambées d'incertitude, de détresse devant la jeunesse perdue, peur de la solitude.

Un oiseau frétille entre les feuilles mortes : il pépie deux ou trois fois, vagues sifflements ; un petit flûtiste emplumé qui pose sur moi un regard en coin de son œil rond et jaune. Les poissons mis à part, les oiseaux sont les êtres les plus mystérieux de la création.

13. A la marquise de Merteuil

Êtes-vous encore dans les parages, Madame ? Votre ombre est-elle devenue un esprit malin ? Il est clair que vous voulez non seulement vous soustraire à *mon* interprétation – ce que je comprends ! – mais également vous affranchir de la tutelle de votre créateur. En votre for intérieur, vous souhaitez être une créature féminine accomplie. Si cela est vrai, vous savez aussi que ni la lutte, ni la ruse, la « rouerie », non plus que le quant-à-soi ne peuvent mener à l'épanouissement recherché ; au fond, toutes ces tactiques offrent aussi peu d'avenir que l'adaptation aveugle, la soumission et la frigidité, que vous aviez depuis longtemps rejetées. En dépit de son intelligence et de ses multiples talents, il manque une dimension à la marquise de Merteuil, Madame ! Pendant un temps, vous avez incontestablement possédé la puissance, mais elle ne pouvait que vous échapper, justement parce que vous ne voyiez qu'un aspect des relations dans lesquelles vous vous étiez engagée. Je ne nie pas qu'il y ait du vrai dans vos affirmations concernant l'incompréhension mutuelle entre les sexes ; mais je refuse d'admettre que c'est là une donnée immuable, « éternelle ». Je crois au contraire qu'il existe, chez les femmes et les hommes, une soif – souvent désavouée, souvent réprimée mais toujours croissante – de chaleur, de fiabilité, un besoin de se voir consciemment l'un l'autre. On pourra parler d'émancipation quand il ne sera plus possible que les individus (hommes et femmes) soient des objets de désir-sans-affection ou de sentiment-sans-lucidité, d'approche – de quelque nature que ce soit – sans respect pour la personne. Les hommes, eux aussi, connaissent la solitude, se sentent abandonnés, trompés (souvent par des femmes et pas seulement du point de vue sexuel); eux aussi vieillissent dans la souffrance et le doute. Les femmes manquent peut-être à leur devoir en matière de loyauté et d'amour dans une société telle que nous la connaissons aujourd'hui, qui prône une certaine forme de « rouerie » pour jeunes et vieux, comme étant une manière de s'affirmer, mais c'est tout autre chose que de s'épanouir.

Une grande femme de lettres de votre pays et de mon siècle, Colette, qui connaissait et aimait comme personne la réalité terrestre, écrivit un jour « homme, mon ami ». C'est là, Madame, la formule libératrice.

Que fais-je encore ici, dans les bois de Pex, entre les maigres troncs qui n'ont pas besoin de magie pour se couvrir au printemps prochain, comme chaque année, de feuillage, pour porter tout un été leur verdure où nicheront les oiseaux, et se dépouiller en automne de leurs feuilles, quand celles-ci (et non pas les arbres eux-mêmes !) « auront fait leur temps ».

Je retourne chez moi, tout près d'ici, vers ceux que j'aime, les êtres auxquels je suis attachée. Oui, Madame, ces « liaisons »-là, dont la couleur et la nature changent sans cesse, sont ma raison d'être.

Finissons-en. Vous étiez un danger pour moi, car, sous votre influence, je cédais presque aux deux extrêmes qui me menaçaient : les jeux intellectuels et les fantasmes. Ma plume semblait devenir un simple instrument destiné à justifier l'orgueilleuse, la rusée-par-instinct-de-conservation que vous êtes. Je vous salue, personnification insaisissable de la notion d'évasion ! Je romps avec vous. Je vous bannis de mes pensées.

Adieu, madame la marquise. Dans l'allée Daal-en-Berg de La Haye, vous ne fûtes rien de plus qu'un mirage.

Notes bibliographiques

Betje Wolff et Aagje Deken

C'est sous ces noms que sont connues les deux femmes de lettres néerlandaises Élisabeth Bekker-Wolff (1738-1805) et Agatha Deken (1741-1804). Toutes deux écrivaient déjà avant de se connaître. Betje Wolff était spirituelle, caustique, souvent impitoyable. Aagje Deken plutôt effacée, simple, fidèle. L'un de leurs contemporains les a décrites en ces termes : « Bekker est le vinaigre, Deken est l'huile, ensemble cela fait une bonne sauce » (cité dans *Atlas van de Nederlandse letterkunde*, 1979, Éd. Bert Bakker, Amsterdam). Après la mort du mari de Betje Wolff, les deux femmes décidèrent de vivre ensemble et une partie importante de leurs œuvres est le résultat d'une étroite collaboration. L'ouvrage qui les rendit célèbres est le roman épistolaire *L'Histoire de Mademoiselle Sara Burgerhart* (2 volumes – 1782) qui fut traduit en français. La réputation que Wolff s'acquit aux Pays-Bas dès les années 1770 reposait surtout sur les vives polémiques qu'elle entretenait avec les chefs de file de l'orthodoxie calviniste et les ouvrages satiriques dont ils firent l'objet (tels que *Le Menuet et la Perruque de pasteur*).

B. Wolff a traduit plusieurs ouvrages français en néerlandais, en particulier :

Adèle et Théodore. Théâtre à l'usage des jeunes personnes et *Le Petit La Bruyère*, de Mme de Genlis.

Sur la vie et l'œuvre des auteurs

Wolff et Deken, Dr. P. U. Buijnsters, Éd. Martinus Nijhoff, 1984, Leyde, 416 p.

Betje Wolff et Aagje Deken, Éd. De Bezige Bij, Amsterdam / Het Nederlands Letterkundig Museum en Documentatiecentrum, La Haye, 1979.

Belle Van Zuylen / Isabelle de Charrière

Belle Van Zuylen (1740-1805) est connue hors des Pays-Bas sosu le nom d'Isabelle de Charrière. Femme de lettres néerlandaise de langue française (romans, correspondance, pièces de théâtre, essais politiques, pamphlets). Sainte-Beuve lui a consacré un article dans *La Revue des Deux Mondes* en 1839.

Publications récentes

Œuvres complètes (1979-1984). Édition scientifique en 10 volumes, Éd. Gert van Oorschot, Amsterdam.

Isabelle Vissière, *Isabelle de Charrière. Une aristocrate révolutionnaire. Écrits 1788- 1794*, Éd. des Femmes, Paris, 1988.

Isabelle et Jean-Louis Vissière, *Isabelle de Charrière. Lettres neuchâteloises*, La Différence, Paris, 1991.

–, *Isabelle de Charrière. Une liaison dangereuse. Correspondance avec Constant d'Hermenches*, La Différence, Paris, 1991.

Dans *Septentrion*, revue de culture néerlandaise – articles et comptes rendus :

Johanna Stouten, « Belle Van Zuylen / Isabelle de Charrière : 250 ans durant, le fleuron de la nation », n° 4, 1990, p. 2 à 7 (trad. Jacques Fermaut).

Simone Dubois, « Une liaison dangereuse : la correspondance d'Isabelle de Charrière avec Constant d'Hermenches », n° 1, 1992, p. 78-79.

Hans Vanacker, « Association Isabelle de Charrière », n° 3, 1992, p. 73-74 (trad. J. Deleye).

Louis Gillet, « Isabelle de Charrière : une vie d'écrivain paradoxale », n° 3, 1993, p. 81 à 83.

Le 24 avril 1993, Pierre Dubois, l'un des spécialistes d'Isabelle de Charrière, a fait une conférence à la Maison Descartes intitulée : « Belle de Zuylen / Isabelle de Charrière : le style français, le tempérament hollandais, l'esprit universel », publiée dans les *Cahiers de Méridon* en néerlandais et en français.

Capture   Libre besoin d'indépendance

Ruminer   Je vous couche sur le papier
créature imaginaire

Envie de lâcher la bride
à l'imagination. Goethe

Privilégier un certain milieu

perversion de la liberté –

conscience du pouvoir que vous avez de donner un
ou à vos actes!

comportement indépendant –

Promesse de sensations   Je suis celle [illegible]
agréables L. et S.   Soumission acte délibéré
de violer mon engagement
de liberté

Elle et Esse

Je Vous conduirais   Vous laisser conduire

modèle abstrait   Soumission ≠ docilité

Prendre l'initiative
capricieusement

Connaître à fond votre visage, belle et
votre corps re-belle

Frisson d'horreur, l'amour n'est-il que le prétexte de
mes plaisirs

Soumission – maîtrise de soi

Robe noire agrémentée de détails soulignants vos charmes

la soumission n'est pas un renoncement à la liberté

Savamment préparé !

SOCIÉTÉ NOUVELLE FIRMIN-DIDOT AU MESNIL-SUR-L'ESTRÉE
DÉPÔT LÉGAL : JUIN 1996. N° 29262 (34789).

liberté Soumission relation avec l'homme privilégié
indépendance, contraire malaise?

obéir? liberté d'esprit soumission de corps et accomplissement de sa propre destinée satisfaction [illegible]

Collection Points

DERNIERS TITRES PARUS

P125. Un homme regarde une femme, *par Paul Fournel*
P126. Le Troisième Mensonge, *par Agota Kristof*
P127. Absinthe, *par Christophe Bataille*
P128. Le Quinconce, vol. 1, *par Charles Palliser*
P129. Le Quinconce, vol. 2, *par Charles Palliser*
P130. Comme ton père, *par Guillaume Le Touze*
P131. Naissance d'une passion, *par Michel Braudeau*
P132. Mon ami Pierrot, *par Michel Braudeau*
P133. La Rivière du sixième jour (Et au milieu coule une rivière) *par Norman Maclean*
P134. Mémoires de Melle, *par Michel Chaillou*
P135. Le Testament d'un poète juif assassiné, *par Elie Wiesel*
P136. Jésuites, 1. Les conquérants *par Jean Lacouture*
P137. Jésuites, 2. Les revenants *par Jean Lacouture*
P138. Soufrières, *par Daniel Maximin*
P139. Les Vacances du fantôme, *par Didier van Cauwelaert*
P140. Absolu, *par l'abbé Pierre et Albert Jacquard*
P141. En attendant la guerre, *par Claude Delarue*
P142. Trésors sanglants, *par Paul Levine*
P143. Le Livre, *par Les Nuls*
P144. Malicorne, *par Hubert Reeves*
P145. Le Boucher, *par Alina Reyes*
P146. Le Voile noir, *par Anny Duperey*
P147. Je vous écris, *par Anny Duperey*
P148. Tierra del fuego, *par Francisco Coloane*
P149. Trente Ans et des poussières, *par Jay McInerney*
P150. Jernigan, *par David Gates*
P151. Lust, *par Elfriede Jelinek*
P152. Voir ci-dessous : Amour, *par David Grossman*
P153. L'Anniversaire, *par Juan José Saer*
P154. Le Maître d'escrime, *par Arturo Pérez-Reverte*
P155. Pas de sang dans la clairière, *par L. R. Wright*
P156. Une si belle image, *par Katherine Pancol*
P157. L'Affaire Ben Barka, *par Bernard Violet*
P158. L'Orange amère, *par Didier Van Cauwelaert*
P159. Une histoire américaine, *par Jacques Godbout*

P160. Jour de silence à Tanger, *par Tahar Ben Jelloun*
P161. La Réclusion solitaire, *par Tahar Ben Jelloun*
P162. Fleurs de ruine, *par Patrick Modiano*
P163. La Mère du printemps (L'Oum-er-Bia) *par Driss Chraïbi*
P164. Portrait de groupe avec dame, *par Heinrich Böll*
P165. Nécropolis, *par Herbert Lieberman*
P166. Les Soleils des indépendances, *par Ahmadou Kourouma*
P167. La Bête dans la jungle, *par Henry James*
P168. Journal d'une Parisienne, *par Françoise Giroud*
P169. Ils partiront dans l'ivresse, *par Lucie Aubrac*
P170. Le Divin Enfant, *par Pascal Bruckner*
P171. Les Vigiles, *par Tahar Djaout*
P172. Philippe et les Autres, *par Cees Nooteboom*
P173. Far Tortuga, *par Peter Matthiessen*
P174. Le Dieu manchot, *par José Saramago*
P175. Molière ou la Vie de Jean-Baptiste Poquelin *par Alfred Simon*
P176. Saison violente, *par Emmanuel Roblès*
P177. Lunes de fiel, *par Pascal Bruckner*
P178. Le Voyage à Paimpol, *par Dorothée Letessier*
P179. L'Aube, *par Elie Wiesel*
P180. Le Fils du pauvre, *par Mouloud Feraoun*
P181. Red Fox, *par Anthony Hyde*
P182. Enquête sous la neige, *par Michael Malone*
P183. Cœur de lièvre, *par John Updike*
P184. La Joyeuse Bande d'Atzavara *par Manuel Vázquez Montalbán*
P185. Le Petit Monde de Don Camillo *par Giovanni Guareschi*
P186. Le Temps des Italiens, *par François Maspero*
P187. Petite, *par Geneviève Brisac*
P188. La vie me fait peur, *par Jean-Paul Dubois*
P189. Quelques Minutes de bonheur absolu *par Agnès Desarthe*
P190. La Lyre d'Orphée, *par Robertson Davies*
P191. Pourquoi lire les classiques, *par Italo Calvino*
P192. Franz Kafka ou le Cauchemar de la raison *par Ernst Pawel*
P193. Nos médecins, *par Hervé Hamon*
P194. La Déroute des sexes, *par Denise Bombardier*
P195. Les Flamboyants, *par Patrick Grainville*
P196. La Crypte des capucins, *par Joseph Roth*
P197. Je vivrai l'amour des autres, *par Jean Cayrol*

P198. Le Crime des pères, *par Michel del Castillo*
P199. Les Cahiers de Malte Laurids Brigge
par Rainer Maria Rilke
P200. Port-Soudan, *par Olivier Rolin*
P201. Portrait de l'artiste en jeune chien, *par Dylan Thomas*
P202. La Belle Hortense, *par Jacques Roubaud*
P203. Les Anges et les Faucons, *par Patrick Grainville*
P204. Autobiographie de Federico Sánchez, *par Jorge Semprún*
P205. Le Monarque égaré, *par Anne-Marie Garat*
P206. La Guérilla du Che, *par Régis Debray*
P207. Terre-Patrie, *par Edgar Morin et Anne-Brigitte Kern*
P208. L'Occupation américaine, *par Pascal Quignard*
P209. La Comédie de Terracina, *par Frédéric Vitoux*
P210. Une jeune fille, *par Dan Franck*
P211. Nativités, *par Michèle Gazier*
P212. L'Enlèvement d'Hortense, *par Jacques Roubaud*
P213. Les Secrets de Jeffrey Aspern, *par Henry James*
P214. Annam, *par Christophe Bataille*
P215. Jimi Hendrix. Vie et légende, *par Charles Shaar Murray*
P216. Docile, *par Didier Decoin*
P217. Le Dernier des Justes, *par André Schwarz-Bart*
P218. Aden Arabie, *par Paul Nizan*
P219. Dialogues des Carmélites, *par Georges Bernanos*
P220. Gaston Gallimard, *par Pierre Assouline*
P221. John l'Enfer, *par Didier Decoin*
P222. Trente Mille Jours, *par Maurice Genevoix*
P223. Cent Ans de chanson française
par Chantal Brunschwig, Jean-Louis Calvet
et Jean-Claude Klein
P224. L'Exil d'Hortense, *par Jacques Roubaud*
P225. La Grande Maison, *par Mohammed Dib*
P226. Une mort en rouge, *par Walter Mosley*
P227. N'en faites pas une histoire, *par Raymond Carver*
P228. Les Quatre Faces d'une histoire, *par John Updike*
P229. Moustiques, *par William Faulkner*
P230. Mortelle, *par Christopher Frank*
P231. Ceux de 14, *par Maurice Genevoix*
P232. Le Baron perché, *par Italo Calvino*
P233. Le Tueur et son ombre, *par Herbert Lieberman*
P234. La Nuit du solstice, *par Herbert Lieberman*
P235. L'Après-midi bleu, *par William Boyd*
P236. Le Sémaphore d'Alexandrie, *par Robert Solé*
P237. Un nom de torero, *par Luis Sepúlveda*
P238. Halloween, *par Lesley Glaister*

P239. Un bonheur mortel, *par Anne Fine*
P240. Mésalliance, *par Anita Brookner*
P241. Le Vingt-Septième Royaume, *par Alice Thomas Ellis*
P242. Le Sucre et autres récits, *par Antonia S. Byatt*
P243. Le Dernier Tramway, *par Nedim Gürsel*
P244. Une enquête philosophique, *par Philippe Ken*
P245. Un homme peut en cacher un autre
par Andreu Martín
P246. A l'ouest d'Allah, *par Gilles Kepel*
P247. Nedjma, *par Kateb Yacine*
P248. Le Prochain sur la liste, *par Dan Greenburg*
P249. Les Chambres de bois, *par Anne Hébert*
P250. La Nuit du décret, *par Michel del Castillo*
P251. Malraux, une vie dans le siècle, *par Jean Lacouture*
P252. Une année en Provence, *par Peter Mayle*
P253. Cap Horn, *par Francisco Coloane*
P254. Eldorado 51, *par Marc Trillard*
P255. Juan sans terre, *par Juan Goytisolo*
P256. La Dynastie des Rothschild, *par Herbert Lottman*
P257. La Trahison des Lumières
par Jean-Claude Guillebaud
P258. Je suis vivant et vous êtes morts, *par Emmanuel Carrère*
P259. Minuit passé, *par David Laing Dawson*
P260. Le Guépard, *par Giuseppe Tomasi di Lampedusa*
P261. Remise de peine, *par Patrick Modiano*
P262. L'Honneur perdu de Katharina Blum
par Heinrich Böll
P263. Un loup est un loup, *par Michel Folco*
P264. Daddy's Girl, *par Janet Inglis*
P265. Une liaison dangereuse, *par Hella S. Haasse*
P266. Sombre Sentier, *par Dominique Manotti*
P267. Ténèbres sur Jacksonville, *par Brigitte Aubert*
P268. Blackburn, *par Bradley Denton*
P269. La Glace noire, *par Michael Connelly*
P270. La Couette, *par Camille Todd*
P271. Le Petit Mitterrand illustré, *par Plantu*
P272. Le Train vert, *par Herbert Lieberman*
P273. Les Villes invisibles, *par Italo Calvino*
P274. Le Passage, *par Jean Reverzy*
P275. La Couleur du destin, *par Franco Lucentini et Carlo Fruttero*
P276. Gérard Philipe, *par Gérard Bonal*
P277. Petit Dictionnaire pour lutter contre l'extrême droite
par Martine Aubry et Olivier Duhamel